세계의 국기는 어떻게 만들었을까?

Flying Colours: A Guide to Flags Around the World by Robert G. Fresson
Copyright © 2017 Cicada Books
All Rights Reserved.
This Korean edition distributed and published by © 2019 BONUS Publishing Co.
Korean translation rights are arranged with Cicada Books through AMO Agency, Korea.

이 책의 한국어판 저작권은 AMO 에이전시를 통한 저작권자와의 독점 계약으로 보누스출판사에 있습니다.
저작권법에 의해 보호를 받는 저작물이므로 무단전재와 무단복제를 금합니다.

세계의 국기는 어떻게 만들었을까?
도형과 색깔로 보는 세계 나라의 상징과 역사

1판 4쇄 펴낸 날 2023년 10월 20일

지은이 | 로버트 프레송
옮긴이 | 김미선

펴낸이 | 박윤태
펴낸곳 | 보누스
등 록 | 2001년 8월 17일 제313-2002-179호
주 소 | 서울시 마포구 동교로12안길 31
전 화 | 02-333-3114
팩 스 | 02-3143-3254
E-mail | bonus@bonusbook.co.kr

ISBN 978-89-6494-339-7 73900

바이킹은 도서출판 보누스의 어린이책 브랜드입니다.

• 책값은 뒤표지에 있습니다.
• 이 도서의 국립중앙도서관 출판예정도서목록(CIP)은 서지정보유통지원시스템 홈페이지(http://seoji.nl.go.kr)와 국가자료공동목록시스템(http://www.nl.go.kr/kolisnet)에서 이용하실 수 있습니다.(CIP제어번호: CIP2018012406)

―
일러두기
(★)이 들어 있는 괄호 안 설명은 모두 편집자주입니다.

세계의 국기는 어떻게 만들었을까?

도형과 색깔로 보는 세계 나라의 상징과 역사

로버트 프레송 지음 · 김미선 옮김

바이킹

차례

전 세계의 국기를 소개합니다 6
국기는 어디에서 왔을까요? 7
이 책에 등장하는 용어들 8

십자와 X자가 들어간 국기 10
그리스 12
스위스 14
영국 16
유니언 잭의 사촌 깃발들 18
조지아 19
줄무늬 세 개가 특색인 국기 20
프랑스 22
중앙아메리카 24
캐나다 26
몽골 28
콜롬비아 29
스페인 30
독일 32
대각선이 있는 국기 34
바누아투 36
에리트레아 37
범아랍의 색상이 들어간 국기 38
사우디아라비아 40
터키 42
초승달이 새겨진 국기 44
리비아 46
아프가니스탄 47
브루나이 48
몰디브 49
동물이 그려진 국기 50
멕시코 52
키리바시 54
몰도바 55
세인트루시아 56

별이 돋보이는 국기 58
중국 60
이스라엘 62
나우루 63
브라질 64
미국 66
범아프리카 색상이 들어간 국기 68
스와질란드 70
케냐 71
짐바브웨 72
모잠비크 73
남아프리카 74
보츠와나 76
마다가스카르 77
두 가지 색상으로 만든 국기 78
빨간색과 흰색이 들어간 국기 80
카타르 82
바레인 83
키프로스 84
코소보 85
모리셔스 86
가이아나 87
태양과 원이 그려진 국기 88
인도 90
마케도니아 92
키르기스스탄 93
대한민국 94
일본 96
빨간색, 흰색, 파란색이 들어간 국기 98
파라과이 100
태국 101
러시아 102
네팔 104

부록
세계 지도 .... 108~113
세계의 국기 색칠 카드 .... 114~146

전 세계의 국기를 소개합니다

이런 깃발들을 본 적이 있나요?

궁전의 지붕 위에서 펄럭이는가 하면,

정부 건물의 바깥에 줄지어 서 있기도 하고,

창문 바깥에 걸리기도 하고,

높다란 배의 꼭대기에서 휘날리기도 하고,

축구 경기에서 응원을 펼치는
사람의 얼굴에 그려지기도 하며,

맛난 치즈에 콕 꽂혀 있는
국기들 말이에요!

사실, 국기는 어디에 가든 항상 만날 수 있어요. 이 세상 모든 나라뿐만 아니라 달에서도 말이지요!
하지만 어째서 이런 모양을 하고 있는 걸까요?

우리나라 태극기 가운데에 놓인 무늬는 무얼 뜻할까요? 미국 성조기에는 왜 줄무늬가 열세 개 있을까요?
프랑스 국기의 색깔이 파란색, 흰색, 빨간색인 이유는 무엇일까요?

이런 질문뿐만 아니라 더 많은 질문의 해답이 이 책에 들어 있답니다!

국기는 어디에서 왔을까요?

처음에 등장한 국기는 그다지 깃발 같아 보이지 않았어요. 고대 국가에 신분이 높은 사람들은 자신의 지위를 뽐내기 위해 기다란 물건을 들고 다녔는데, 스포츠 행사에서 흔히 볼 수 있는 상징물을 맨 위에 장식하여 백성들에게 보여 주곤 했답니다. 이러한 권력의 상징을 '베실로이드'(vexilloids)라고 부릅니다.

그러다가 고대 중국에서 비단을 처음 만들었습니다. 중국인들은 이 비단으로 현수막을 만들어 베실로이드로 썼습니다. 원래 쓰던 것보다 더 가볍고 멀리서도 잘 보였지요. 몇백 년이 넘도록 이렇게 만든 베실로이드는 아시아 구석구석으로 전파되었으며 중동아시아와 유럽까지 퍼져 나갔답니다.

 12세기 중세 유럽에서는 적군과 아군을 구분하기 위해 깃발을 사용하였습니다.

17세기에는 국기의 모양을 좀 더 통일하여 단순하게 만들었습니다. 배에서는 선원들이 자신이 속한 곳을 알려 주기 위해 쓰였답니다.

19세기가 지나서야 국가의 상징으로서 지금의 모습과 비슷한 깃발이 등장했습니다. 그리고 20세기 말에 이르러 모든 나라들이 자기 나라를 대표하는 국기를 만들었답니다.

이 책에 등장하는 용어들

기학(旗學) = 깃발을 연구하는 학문

이 책을 읽다 보면 몇몇 낯선 단어들을 볼 거예요.
깃발을 연구하는 기학에 쓰이는 단어들인데 깃발의 모습을 설명하는 데 쓰이지요.

깃발의 각 부분

위쪽 기둥
-
기둥에 가까운 위쪽 4분의 1 부분

위쪽 날개
-
기둥에서 가장 먼 위쪽 4분의 1 부분

아래쪽 기둥
-
기둥에 가까운 아래쪽 4분의 1 부분

아래쪽 날개
-
기둥에서 가장 먼 아래쪽 4분의 1 부분

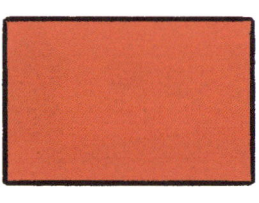

바탕

사각형
(위쪽 기둥에 놓인)

십자

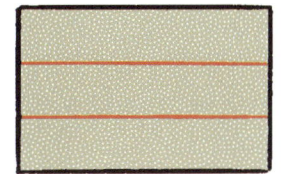  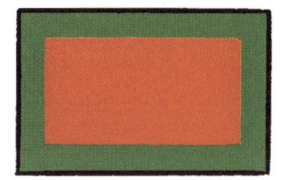 

| 가로 줄무늬 세 개 | 세로 줄무늬 세 개 | 바탕을 감싼 가장자리 | 마름모꼴 |

 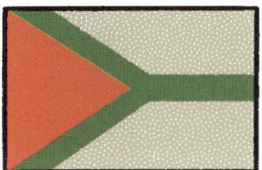  

| X자 | 삼각형 Y자 | 꽉 찬 삼각형 | 원 |

| 대각선 띠 | 위아래 변에 붙인 대각선 띠 | 양쪽 변에 붙인 대각선 띠 | 대각선 띠 테두리 |

테두리 : 국기의 무늬를 강조하기 위해 무늬와 배경색 사이에 다른 색 테두리를 넣는 것

세계의 국기를 소개해 줄
박사님들을 소개합니다

최고의 전문가들이 여러분에게 세계 여러 나라의 국기를 안내해 줄 거예요!

| 파랑 | 노랑 | 검정 | 초록 | 빨강 | 하양 |

페이지를 넘길 때마다 만날 분들입니다. 깃발이 어떻게 구성되어 있는지 보여 줄 거랍니다.

십자와 X자가 들어간 국기

모든 나라에서 십자 모양은 기독교를 상징합니다. 하지만 4세기까지만 해도 기독교의 주요 상징은 물고기였답니다! 326년 성녀 헬레나(*로마 시대 콘스탄티누스 1세의 어머니)가 예수님이 못 박혀 돌아가신 나무를 보고 십자가를 떠올렸다고 해요. 이때부터 십자가는 순교와 구원을 나타내는 뜻으로 널리 쓰이게 되었답니다.

-

X자는 십자가를 살짝 돌린 모양이지요. 4세기부터 쓰인 로마 시대의 동전에서 종종 발견되곤 한답니다.

-

많은 나라에서 국기에 십자 모양을 그려 넣었습니다. 자기 나라의 정체성을 보여 주는 데 기독교가 중요하다고 여기기 때문이지요.

몰타 국기에 그려진 '조지 십자' 모양은 1942년 영국의 국왕이었던 조지 6세가 수여한 훈장을 나타냅니다.

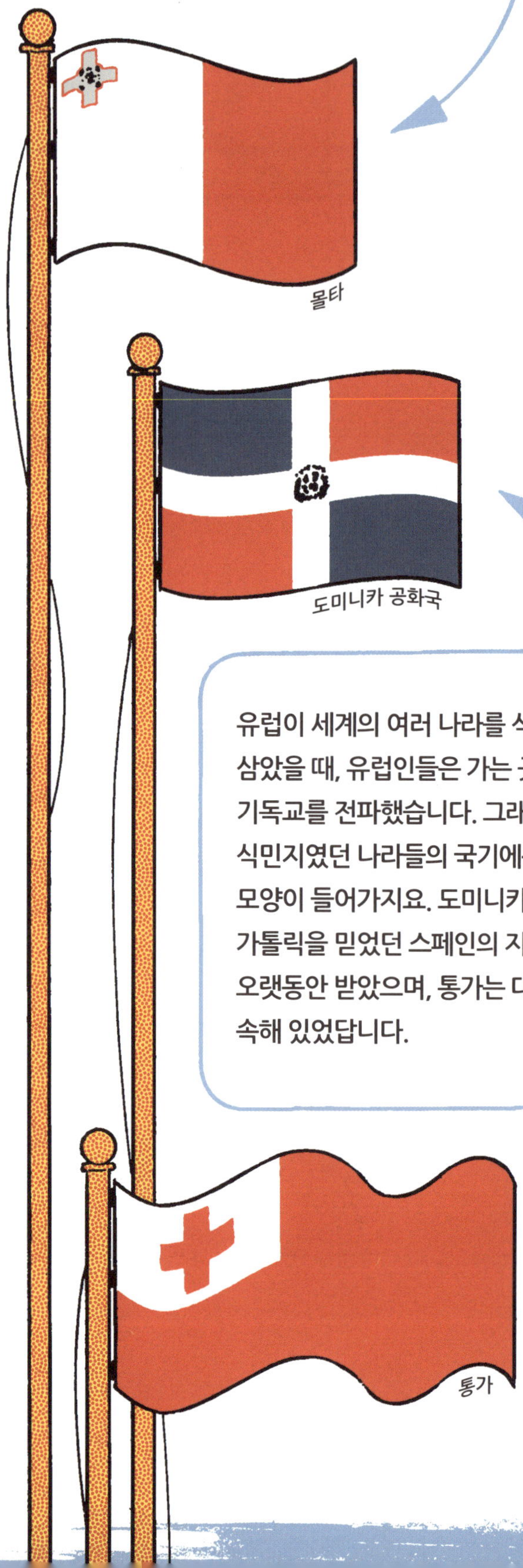

몰타

도미니카 공화국

유럽이 세계의 여러 나라를 식민지로 삼았을 때, 유럽인들은 가는 곳마다 기독교를 전파했습니다. 그래서 이전에 식민지였던 나라들의 국기에는 십자 모양이 들어가지요. 도미니카 공화국은 가톨릭을 믿었던 스페인의 지배를 오랫동안 받았으며, 통가는 대영제국에 속해 있었답니다.

통가

부룬디와 자메이카는 1960년에 이르러서야 독립국가가 됩니다. 부룬디는 아프리카에서 유일하게 국기에 X자가 들어간 나라이기도 합니다. 자메이카의 국기는 스코틀랜드의 X자 모양에 아프리카 국회를 상징하는 색상을 넣어 만들었습니다.

덴마크의 국기는 세계에서 가장 오래되었는데, 그 역사는 12세기까지 거슬러 올라갑니다. 옆으로 살짝 비껴 그린 십자 모양은 이웃 나라에서도 오랫동안 즐겨 써서 '스칸디나비아 십자'로 알려졌습니다.

그리스

'파랑과 하양'으로 널리 알려져 있지요

 -왼쪽 위에-  -그 안에-

파란색과 흰색 줄무늬 　　　파란색 사각형 　　　흰색 정십자

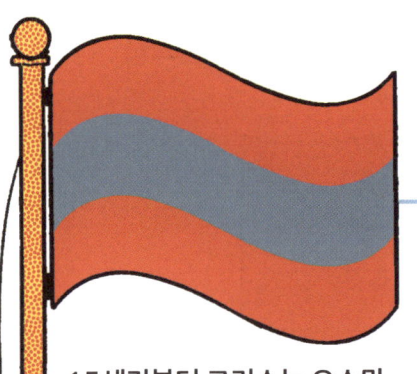

15세기부터 그리스는 오스만 제국의 지배를 받았습니다. 터키의 황제인 술탄의 영향으로 그리스의 배에는 파란색 줄무늬가 들어간 빨간 깃발을 달았습니다.

1769년
이 깃발은 오스만 터키에 대항하여 독립 전쟁을 일으켰을 때 혁명의 상징으로 널리 쓰였습니다.

1822년
1822년 전쟁은 그리스에 승리를 가져다주었고, 위 깃발이 그리스를 상징하는 국기가 되었습니다. 해군기로 쓰이는 줄무늬 깃발과 함께 쓰였습니다.

십자 모양은 그리스 정통 신앙의 상징입니다.

1978년

가로 줄무늬가 있는 해군 깃발은 인기가 매우 많았기 때문에 파란색 바탕에 하얀 십자 무늬가 있는 국기와 더불어 자주 높이 내걸었습니다. 마침내 이 문양은 공식적으로 그리스 국기가 되었지요.

아홉 개의 줄무늬는

Ελευθερία ή Θάνατος
(Eleftheria i Thanatos)

라는 말을 가리킵니다. 해석하면 '자유가 아니면 죽음을'이란 뜻이지요. 오스만 제국에 맞서 싸웠던 당시 그리스인들의 구호였답니다.

파란색은 딱히 규정되어 있지 않습니다. 하늘색과 짙은 파란색의 중간색이라면 뭐든 괜찮습니다.

스위스

 - 위에 -

정사각형 빨간 바탕　　　　　흰색 정십자 모양

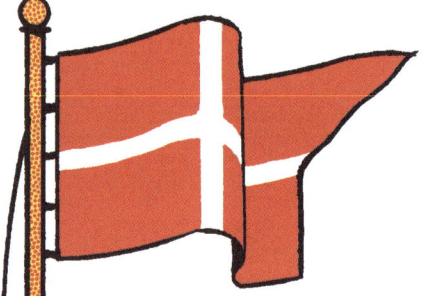

1000년
신성 로마 제국은 빨간 바탕에 하얀 십자 무늬를 사용했습니다. 제국의 순수성과 기독교 순교자들의 피를 상징하는 것이었지요.

1600년대
불꽃 모양은 스위스 연맹에서 사용한 군기 중 하나였습니다.

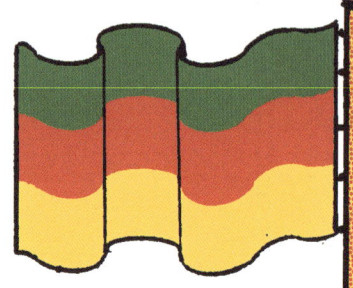

1798년
프랑스가 스위스 연맹을 침략하여 위 깃발을 새로운 국기로 선포하였습니다. 하지만 겨우 2년밖에 쓰지 않았어요.

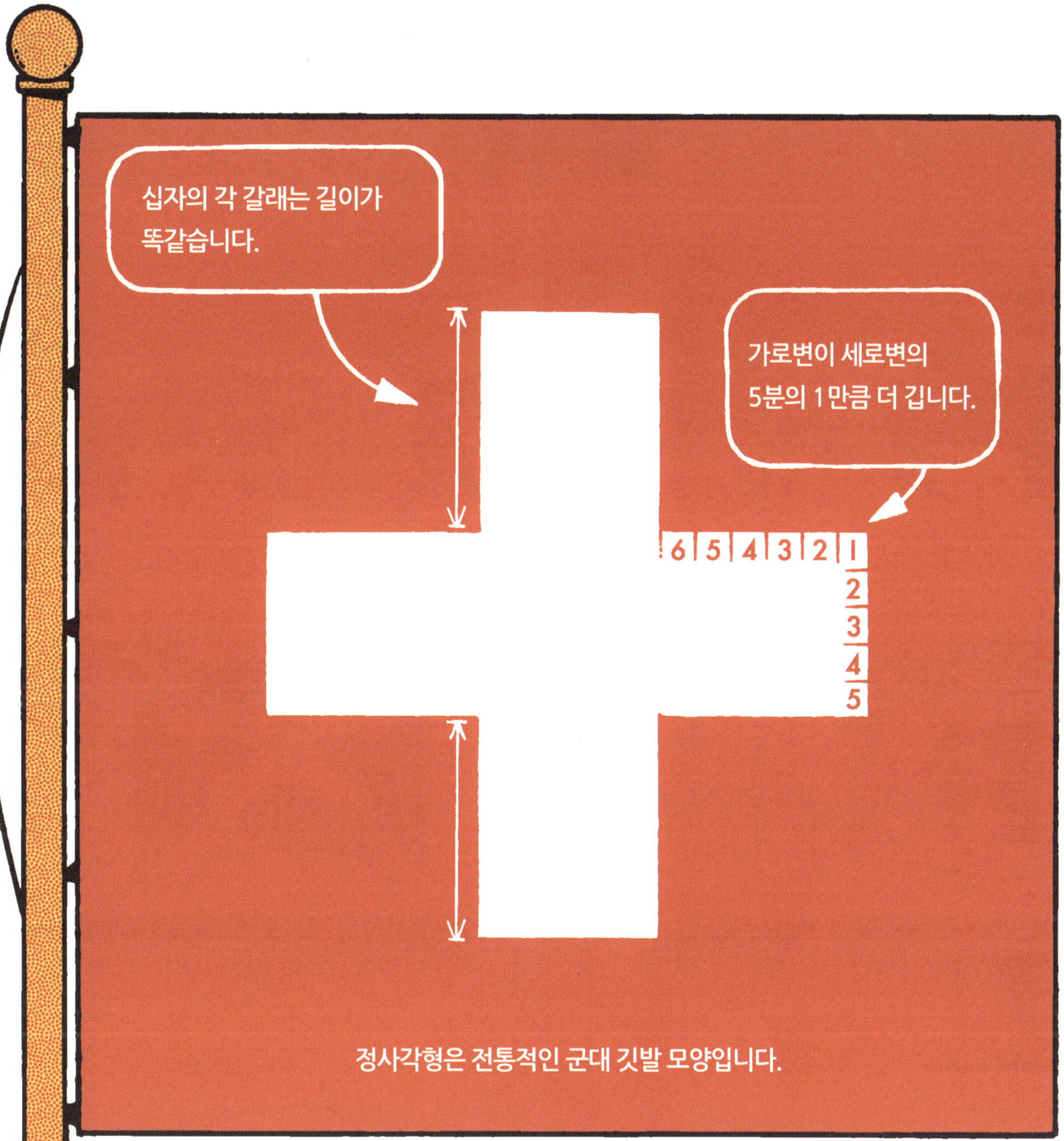

십자의 각 갈래는 길이가
똑같습니다.
가로변이 세로변의
5분의 1만큼 더 깁니다.
6 5 4 3 2 1
1 2 3 4 5
정사각형은 전통적인 군대 깃발 모양입니다.

1840년

스위스의 장군들은 국기를
빨간 바탕에 흰 십자 모양으로
바꾸었습니다.

?

스위스의 국기는 전 세계에서 정사각형 모양을
하고 있는 단 두 개의 국기 중 하나입니다.
다른 하나는 어느 나라 국기일까요?

답 : 바티칸 시국

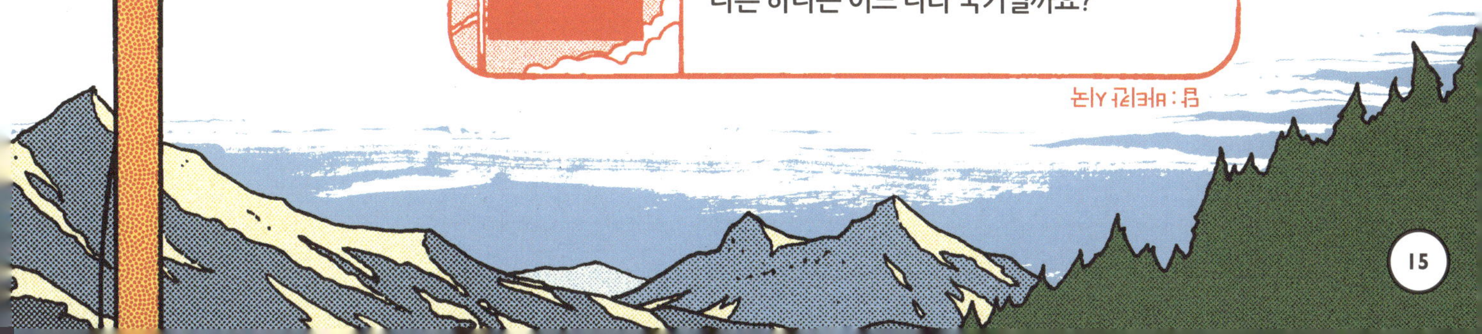

영국

'유니언 잭'이라고도 해요

어두운 파란 바탕 - 위에 - 흰색 X자 - 그 위에 - 빨간 X자 - 여기에 - 흰 테두리가 있는 빨간 십자가

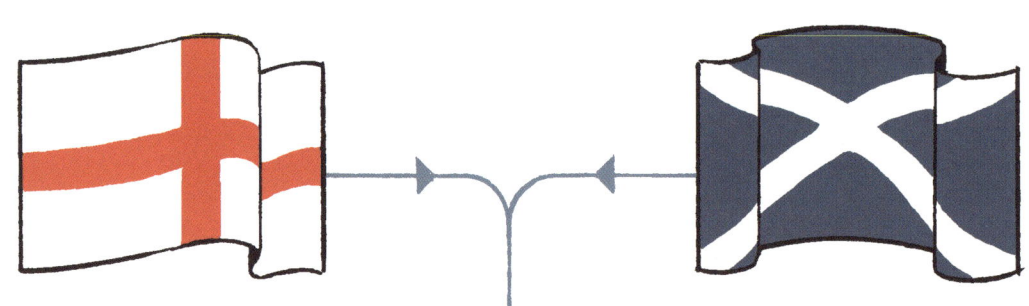

영국 국기는 '성 조지 십자가'라고 불립니다. 그 역사는 십자군을 일으킨 때로 거슬러 올라가지요.

스코틀랜드의 수호성인 성 앤드류는 X자 모양의 십자가에 못 박혀 세상을 떠났습니다. 스코틀랜드의 깃발은 성 앤드류의 X자 십자가를 나타내지요.

1606년, 제임스 1세는 스코틀랜드와 영국을 통일하여 '유니언 잭'(연합기)라는 이름 아래 두 국기를 합칩니다.

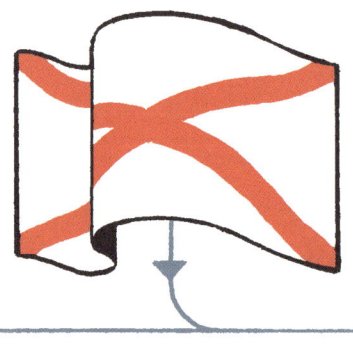

아일랜드가 옛날에 쓰던 깃발은 성 패트릭의 X자 모양이었습니다. 1801년 아일랜드가 영국과 합쳐지면서 빨간 X자가 국기에 더해졌습니다.

자세히 보세요!
유니언 잭의 무늬는 대칭이 아니에요.

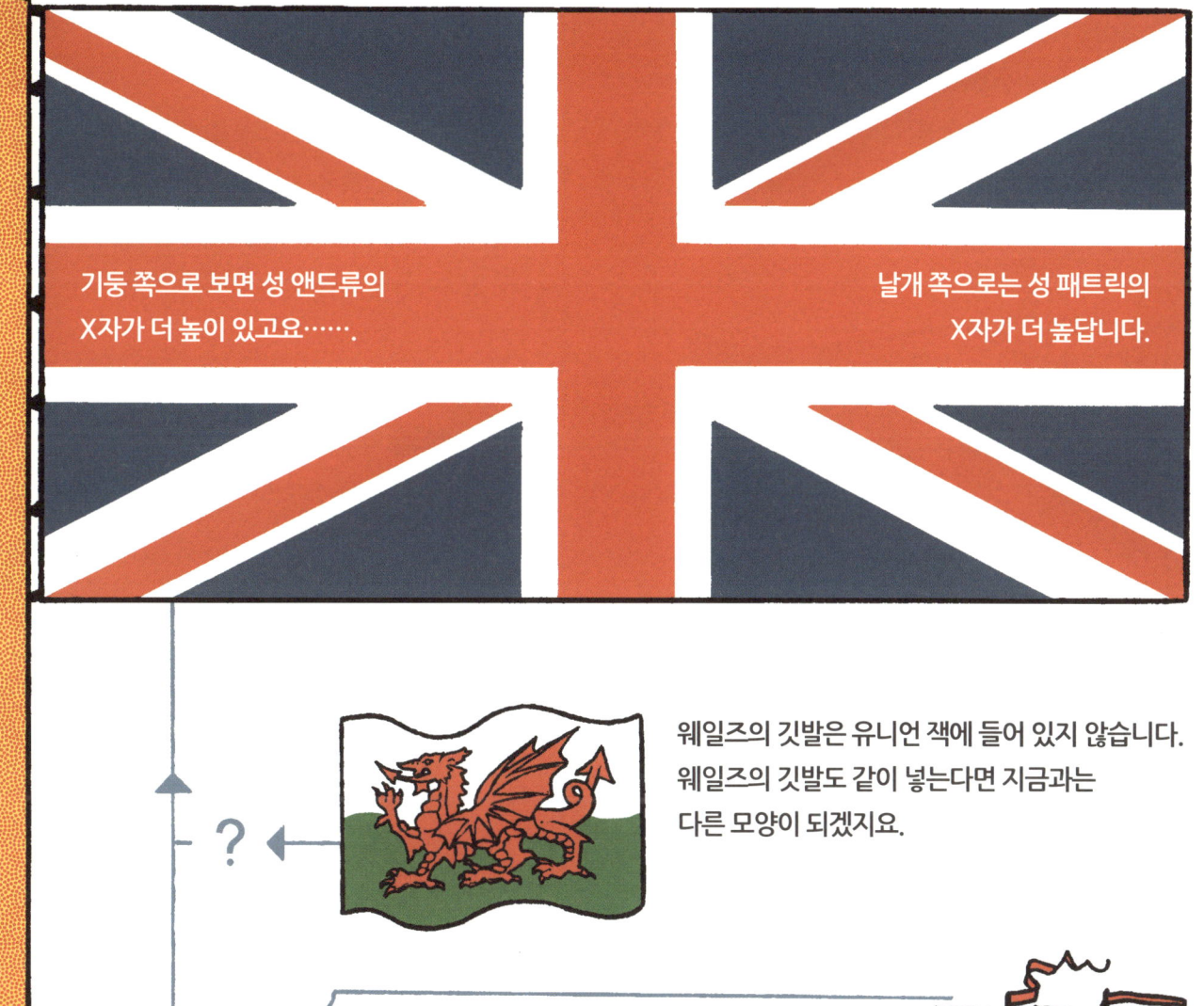

기둥 쪽으로 보면 성 앤드류의 X자가 더 높이 있고요…….

날개 쪽으로는 성 패트릭의 X자가 더 높답니다.

웨일즈의 깃발은 유니언 잭에 들어 있지 않습니다. 웨일즈의 깃발도 같이 넣는다면 지금과는 다른 모양이 되겠지요.

왜 영국 국기를 '유니언 잭'이라 부를까요? '잭'(jack)이라는 이름은 뱃머리의 깃대(영어로 jack staff)에서 따왔을 수도 있고, 제임스 1세의 별명에서 가져왔다는 말도 있어요.

유니언 잭의 사촌 깃발들

전성기 시절에 영국은 전 세계의 24%나 지배했답니다. 영국이 지배했던 국가의 국기를 보면 영국 제국주의가 남긴 유산을 볼 수 있을 거예요.

피지

피지 국기는 하늘색 바탕에 유니언 잭을 배치하고 국립 문장을 나머지에 넣었답니다. 2016년, 국기에서 유니언 잭을 식민지 시대의 잔재로 보고 없애려는 시도가 일어나기도 했습니다.

호주

유니언 잭은 1901년부터 호주 국기의 위쪽 기둥에 자리 잡았습니다.
또한 영국 연방을 의미하는 별들이 놓여 있는데 그중에서도 특히 아래에 있는 커다란 별은 남반구에 있는 호주를 상징한답니다.

투발루

투발루 국기에 있는 별 아홉 개는 섬 아홉 개를 의미합니다. 깃발 속 유니언 잭은 1996년 없어졌다가 이듬해 다시 등장했어요.
새로 만든 깃발이 너무 인기가 없었거든요.

뉴질랜드

사람들이 이따금 호주의 국기와 헷갈리기도 해요. 그래도 2016년 투표를 하여 새로 만들지 않고 그냥 두기로 했답니다.

여기에 나온 국기뿐만 아니라 다른 28개 영토에서도 유니언 잭을 쓰고 있답니다.

조지아

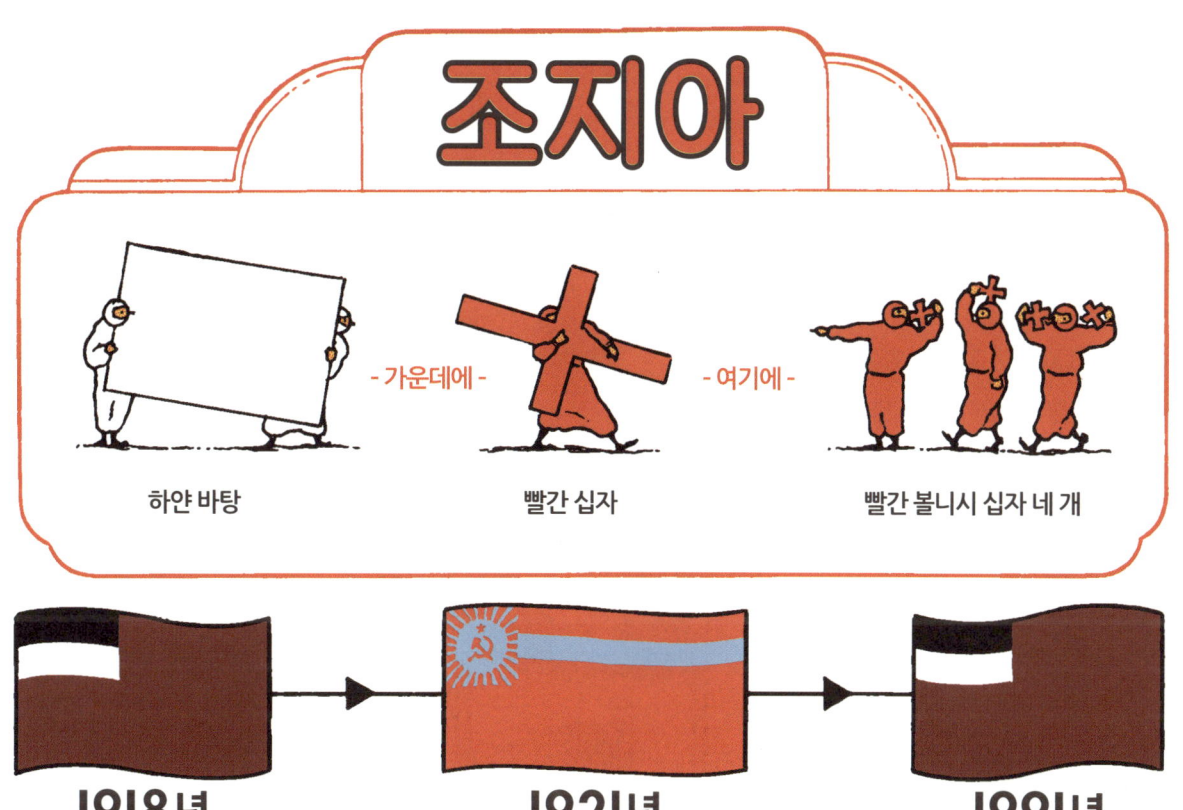

- 가운데에 - - 여기에 -

하얀 바탕 / 빨간 십자 / 빨간 볼니시 십자 네 개

1918년
조지아 공화국의 국기는 짙은 빨강 바탕에, 흰색과 검정이 위아래로 들어간 사각형이 왼쪽 기둥에 놓였습니다.

1921년
소련이 조지아를 침공하여 자기 나라 국기 문양을 조지아 국기에 넣었습니다.

1991년
소련이 물러난 뒤, 조지아는 이전에 쓰던 국기를 도로 가져왔습니다.

2004년
2003년에 일어난 '장미 혁명'은 소련(구러시아)의 영향에서 벗어나 서양을 배우며 평화롭게 정권 교체를 하는 계기가 되었습니다. 새롭게 도입된 디자인은 새 출발을 의미합니다.

볼니시 십자 무늬 (*5세기에 조지아의 볼니시 시오니 성당에서 썼던 문양)는 5세기부터 조지아를 상징하게 되었답니다.

조지아의 국기는 십자군을 뜻하는 예루살렘의 십자가에서 따온 것으로 보입니다. 십자군 전쟁에 조지아의 기사들이 참전했거든요.

줄무늬 세 개가 특색인 국기

전 세계에서 40%가 넘는 나라가 줄무늬 세 개를 국기에 그려 넣습니다. 지구와 가장 가까운 화성에도 국기가 있는데, 이것도 줄무늬가 세 개랍니다. (*화성의 국기는 소설가들이 만들었어요.)

화성

줄무늬가 세 개인 깃발 모양은 옛날 유럽 깃발에서부터 볼 수 있습니다. 오스트리아의 국기는 1100년부터 이 모양을 썼으니까요. 오스트리아의 대공이었던 레오폴드 5세가 피에 젖은 코트에서 벨트를 뺐는데, 그 자리에 세로로 선명하게 하얀 줄무늬가 남았대요. 그걸 보고 오스트리아의 국기를 만들었다고 합니다.

식민지 시대에 유럽의 나라들은 자신들이 점령한 나라에 줄무늬가 세 개인 깃발을 들여왔답니다. 독립한 후에도 식민지 국가들은 계속해서 같은 무늬를 쓰고 있지요.

여기 세로 줄무늬가 세 개인 국기 대부분은 프랑스 삼색 국기의 영향을 받았답니다. 귀족정권에서 벗어나 공화주의와 자유를 빗댄 것이지요.

벨기에
아일랜드
이탈리아
루마니아
안도라
차드
바베이도스
코트디부아르
나이지리아
페루
세인트 빈센트 그레나딘

루마니아와 차드의 국기는 구분하기 힘들 정도로 비슷하지요. 차드 국기의 파란색이 조금 더 짙답니다.

빈센트섬의 세로줄은 가로 길이가 서로 같지 않아요. 이런 모양의 국기를 '캐나다 페일'이라 부르는데, 캐나다 국기의 가운데 줄 너비가 양쪽 줄보다 두 배 넓은 데서 생긴 이름이래요.

프랑스

삼색기로 잘 알려져 있어요

파란색과 흰색, 빨간색이

세로 줄무늬를 이룹니다

15세기 잔 다르크가 전투 중에 들었던 깃발에는 작은 금빛 백합 문장이 그려져 있었습니다. 흰색과 금색은 프랑스의 왕족을 상징합니다.

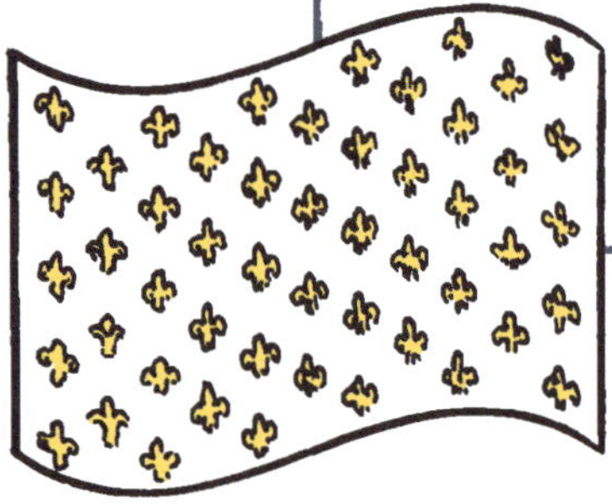

1700년대에 후반에 이르자 왕족의 깃발은 잔 다르크의 깃발을 단순하게 만들어 사용하였습니다.

파란색과 빨간색은 파리의 색상입니다. 1358년부터 도시의 공식 문양으로 사용되었습니다.

파랑은 성 마틴의 색상입니다. 전해져 내려오는 이야기에 따르면 성 마틴은 눈보라에 떨고 있는 거지에게 자신의 망토를 반으로 잘라 주었다고 합니다.

흰색은 파리의 색상에 나라의 색을 더한 것입니다. 군주국이었던 프랑스의 역사를 나타낸다고 합니다.

빨강은 파리의 수호신으로 불리는 성 데니스의 색상입니다.

다른 의견으로는 깃발의 색상이 아래와 같은 프랑스의 표어를 의미한다고도 합니다.

자유 -------- 평등 -------- 박애

이 세 가지 색상은 1794년 처음 쓰기 시작했지만 쓰이지 않을 때도 있었습니다. 그러다 1830년이 되어서야 시민들의 왕으로 불린 루이 필리프 왕이 계속 쓰기로 했답니다.

바스티유 습격사건이 일어난 1789년 이후, 마르키스 라파예트 제독은 혁명 세력이 빨간색과 흰색, 파란색으로 만든 로제트(*옷 등에 다는 장미 모양이나 동그란 장식물)를 모자에 달아야 한다고 선언했습니다. (이렇게 소속 정당이나 세력을 나타내기 위해 로제트를 모자에 다는 것을 '코케이드'라고 부릅니다.)

세 가지 색상으로 이루어진 깃발은 전 세계에 많은 영향을 주었답니다. 1800년대 중반부터 새로이 독립한 나라들은 자신의 공화주의 민족성을 나타내기 위해 세로 줄무늬 세 개를 쓰기로 하였지요.

중앙아메리카

1820년에서 1830년대 사이 중앙아메리카의 몇몇 나라들은 스페인으로부터 독립하여 '중앙아메리카 연방 공화국'을 세웠습니다.

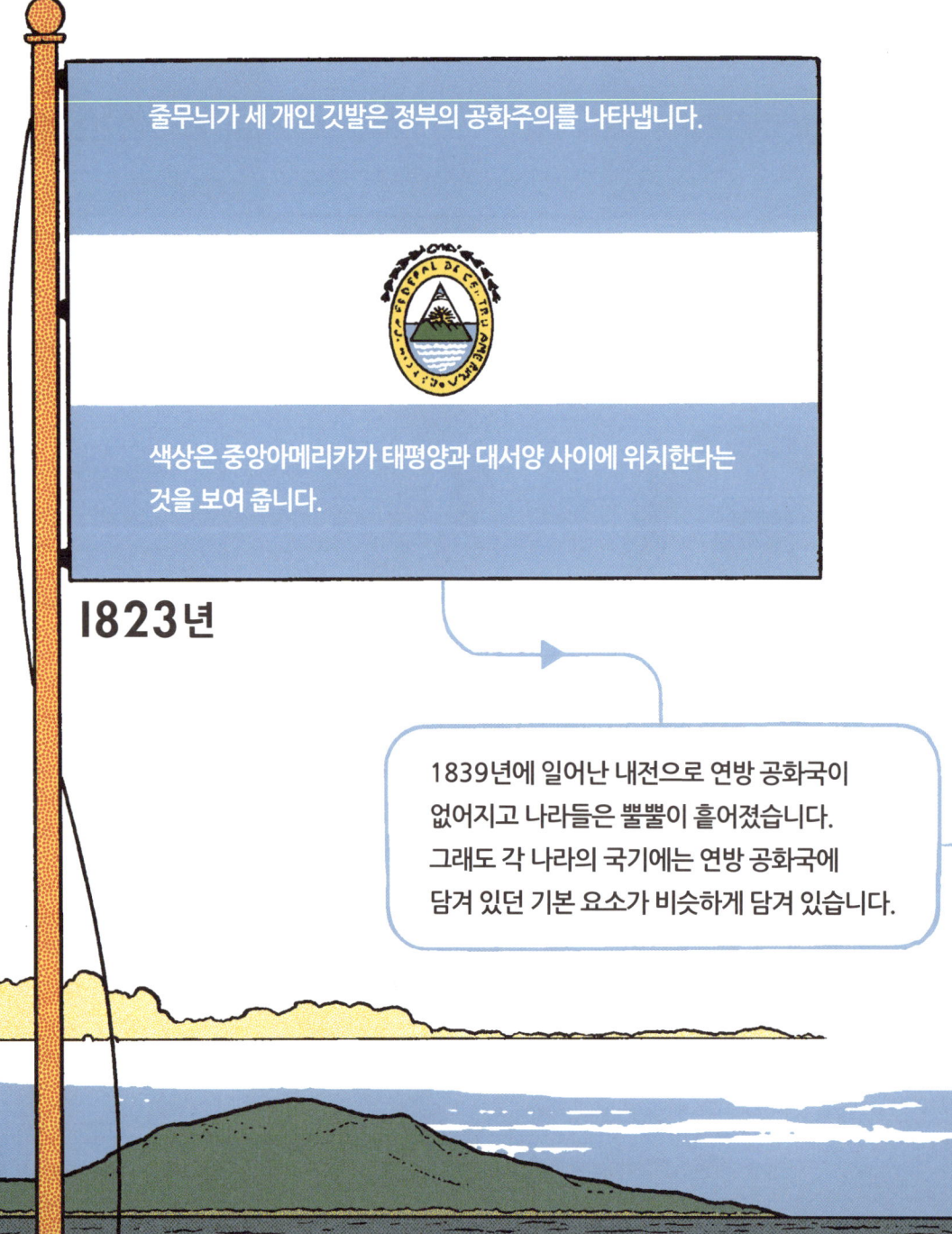

줄무늬가 세 개인 깃발은 정부의 공화주의를 나타냅니다.

색상은 중앙아메리카가 태평양과 대서양 사이에 위치한다는 것을 보여 줍니다.

1823년

1839년에 일어난 내전으로 연방 공화국이 없어지고 나라들은 뿔뿔이 흩어졌습니다. 그래도 각 나라의 국기에는 연방 공화국에 담겨 있던 기본 요소가 비슷하게 담겨 있습니다.

과테말라
과테말라는 가로 줄무늬를 이웃나라 멕시코처럼 세로 줄무늬로 바꿨습니다.

엘살바도르
엘살바도르의 문양은 원래 모양으로 바뀌었고 파란 줄도 좀 더 짙어졌습니다.

온두라스
가운데에 있는 다섯 개의 별은 공화국에 있었던 다섯 개 주를 의미합니다.

니카라과
니카라과의 국기는 연방 공화국의 깃발과 가장 비슷합니다.

코스타리카
코스타리카의 국기는 1848년에 새롭게 탈바꿈했습니다. 프랑스 국기에 많은 영향을 받았는데 여기에 맞춰 파란색도 좀 더 어두워졌답니다.

캐나다

빨강, 하양, 또 빨강 — 세로 줄무늬를 만들어 가운데에

빨간 단풍잎

옥신각신 국기 논쟁

식민지 시절 캐나다에는 프랑스와 영국 국기가 나부꼈습니다. 1960년대까지는 깃발 날개 부분에 캐나다의 문장이 들어간 방패를 그려 넣었고, 그 옆에는 영국 상선기를 상징하는 모양이 들어갔습니다.

1963년, 피어슨 레스터 수상은 캐나다의 공식 국기 모양을 놓고 의회를 소집했습니다. 영국 상선기 문양은 영국령 캐나다에서 큰 인기를 모았지만, 프랑스령 퀘벡에서는 유니언 잭을 반대하여 문제를 일으켰기 때문입니다.

치열한 논쟁 끝에 '피어슨의 우승기'(Pearson's Pennant)라는 새 국기가 등장했습니다. 하지만 여전히 사람들의 호응을 얻지 못하고 논쟁은 더욱 거세졌지요!

흰색 부분이 붉은 부분보다 2배 넓습니다.

1964년
캐나다 의회는 이 디자인을 선택하기로 합니다. 조지 스탠리가 디자인했지요.

단풍잎은 19세기부터 캐나다인들이 가장 사랑하는 상징물이 되었답니다.

하지만 잎사귀 끝에 달려 있는 작은 줄기는 무엇을 뜻하는 걸까요? 아무 의미도 없어요! 나뭇잎을 표현해서 좀 더 예뻐 보이는 것뿐이랍니다.

몽골

빨강, 파랑, 빨강

- 세로 줄무늬를 만들어 기둥에 -

노란색으로 칠한 국가의 상징

파랑은 하늘을 가리킵니다.

빨강은 강인하기로 이름난 몽골 사람들의 민족성을 뜻합니다.

1992년

몽골의 상징물은 '소욤보'(Soyombo)라 부릅니다.

불은 부활, 성장, 가족의 건강을 뜻합니다.

해와 달은 몽골 문화가 자연을 얼마나 중요시 하는지 알려 줍니다.

아래로 향한 삼각형은 화살촉과 적의 죽음을 의미합니다.

얇고 평평한 직사각형은 지배자와 국민들 사이의 정직과 정의를 나타냅니다.

음과 양의 상징은 남성과 여성의 조화를 나타냅니다.

세로가 긴 직사각형은 요새의 벽을 나타내는 것으로, 힘과 단결을 뜻합니다.

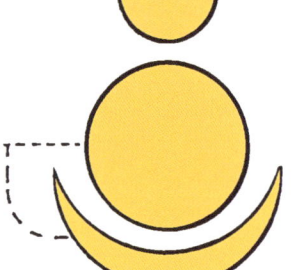
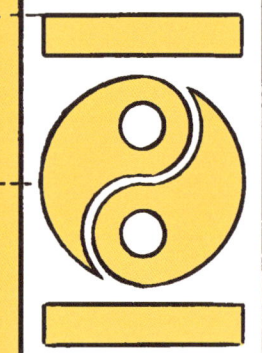

콜롬비아

두 배 넓은 노란 띠

- 아래에 -

파란 띠

- 그 다음 -

빨간 띠

노랑은 금을 상징합니다.

파랑은 바다와 강, 하늘의 색입니다.

빨강은 콜롬비아 국민들이 싸워 이긴 독립 전쟁과 강인함을 의미합니다.

1861년

이 국기는 자유주의 투사로서 혁명을 이끌어 낸 프랜시스코 드 미란다가 만들었습니다. 미란다는 노랑과 파랑, 빨강이 아주 강력한 색상이라고 생각했답니다. 그는 자신의 운명이야말로 '내 나라를 세우는 것이며 그곳은 이 소중한 색상이 왜곡되지 않는 곳' 이라고 썼다고 하네요.

베네수엘라

1821년에서 1831년까지 콜롬비아는 대콜롬비아라고 불리는 커다란 나라의 일부였습니다. 형제 나라로는 에콰도르와 베네수엘라가 있었지요. 현재의 국기를 보면 이 세 나라가 어떤 역사를 공유했는지 알 수 있답니다.

대콜롬비아

에콰도르

스페인

- 위아래에 - 노란 바탕
빨간 띠 두 줄
- 가운데에는 - 스페인 문양

1785년
찰스 3세는 이 깃발을 공식 국기로 지정합니다. 단지 멀리서도 잘 보인다는 이유로요.

1931년
왕국이 무너지고 공화국 국기에 보라색이 더해집니다.

1938년
새로운 독재자로 군림한 프란시스코 프랑코는 깃발의 색상을 도로 빨간색과 노란색으로 바꿔 버립니다. 여기에 검정 독수리를 추가했지요.

1981년
프란시스코가 선택한 문장이 지워지고 스페인의 공식 문장이 들어갑니다. 오늘날의 국기와 같은 모양입니다.

노란 띠의 너비가 다른 띠의 두 배입니다. 이러한 비율로 만든 국기를 두고 '스페인 페스'(Spain Fess)라 부릅니다.

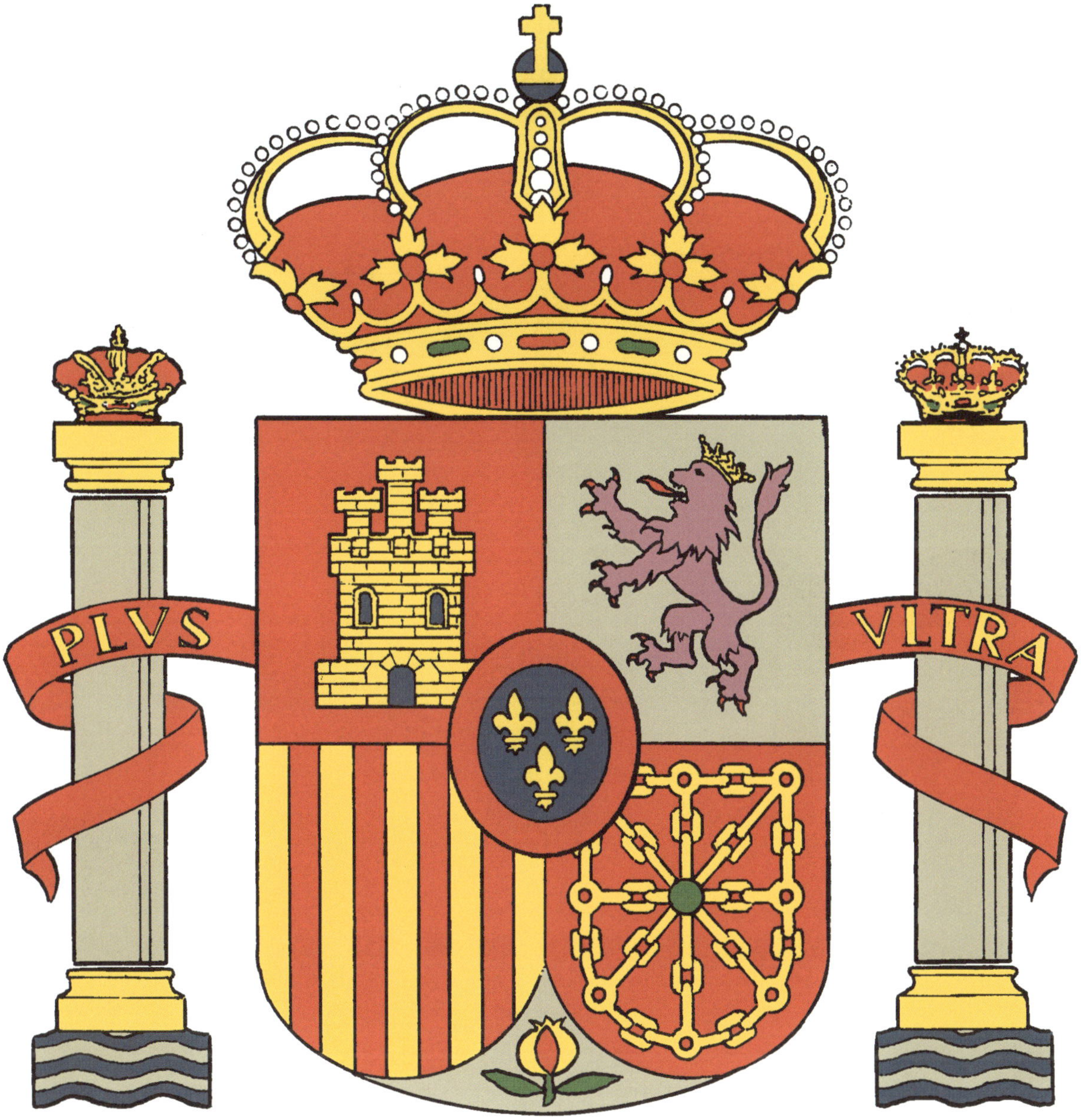

깃발에 그려진 문장은 중세에 스페인을 지배했던 카스티야, 아라곤, 레온, 나바라 등의 왕국에서 가져왔습니다. 아래에 있는 석류는 스페인의 남부 지역인 그라나다를 의미합니다. 양쪽에 놓인 기둥은 지브롤터 해협과 세우타를 가리킵니다. 스페인의 표어인 '플러스 울트라'는 '보다 더 멀리'라는 뜻으로, 과거 많은 나라를 식민지로 삼았던 스페인의 강인함을 표현한 말입니다.

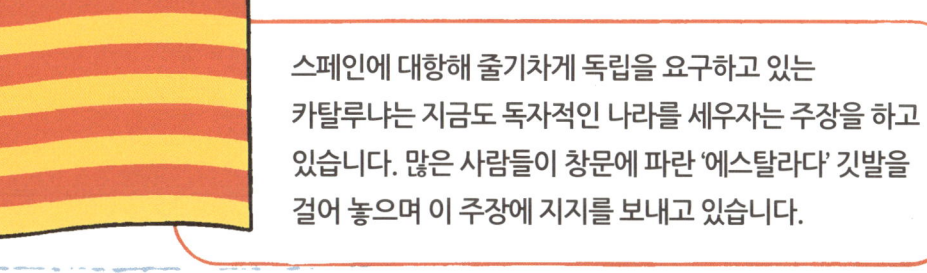

스페인에 대항해 줄기차게 독립을 요구하고 있는 카탈루냐는 지금도 독자적인 나라를 세우자는 주장을 하고 있습니다. 많은 사람들이 창문에 파란 '에스탈라다' 깃발을 걸어 놓으며 이 주장에 지지를 보내고 있습니다.

독일

검정   빨강   금색

같은 두께로 가로 줄무늬를 이룹니다

1866-1918년
검정, 하양, 빨강으로 이루어진 줄무늬 세 개는 프러시아가 21개 다른 독일 지역을 통일하여 연합국을 만들 때 채택한 것입니다. 나중엔 결국 독일 제국의 깃발이 되었지요.

1919년
바이마르 공화국이 도입한 이 국기 모양은 오늘날 독일에서 그대로 쓰고 있습니다. 깃발의 색상은 1820년대에 나폴레옹에 대항해 반란을 일으킨 학생들의 유니폼에서 유래했다고 합니다.

1933년
아돌프 히틀러가 정권을 잡자 나치당의 깃발이 국기로 등장합니다. 제국주의 색상에 고대 인도에서 유래한 만자 모양을 넣었는데, 이는 독일 아리안 민족의 우월함을 나타내려는 것이었습니다.

1948년
제2차 세계대전이 끝난 후 독일은 둘로 갈라졌습니다. 공산주의 동독과 자본주의 서독으로 말이지요. 국기를 어떤 모양으로 할지 많은 논의가 이루어졌습니다. 이를테면 여기 스칸디나비아 십자에 바이마르 색상을 넣은 깃발처럼 말이지요.

결국 동독과 서독 모두 바이마르 공화국이 쓰던 대로 줄무늬 세 개만 쓰기로 했습니다. 하지만 1959년 동독은 깃발에 자신들의 문장을 넣기로 결정했답니다.

이에 서독 사람들은 몹시 화를 내며 이 깃발을 두고 '분열을 일으키는 깃발'이라고 불렀다지요.

1989년

1989년 베를린 장벽이 무너지고 많은 동독 사람들이 깃발에 들어간 문장을 없애 버렸습니다. 그 이후 줄무늬가 세 개인 모양이 다시 도입되었지요.

대각선이 있는 국기

대각선이 전달하는 시각적 효과는 바로 역동적이라는 점입니다.

그래픽 디자이너들은 탄력이 붙거나 진취적인 느낌을 줄 때 대각선을 활용합니다. 많은 국기에 대각선이 들어가는 가장 큰 이유이기도 합니다.

-

여기에서 살펴보는 나라들은 모두 유럽의 지배를 받았던 나라들입니다. 그렇기 때문에 국기에 미래를 향한 열망을 담았지요. 대각선으로 가로지른 줄이나 병행 사선이라 일컬어지는 살짝 비켜간 대각선은 직사각형으로 된 세 줄이나 십자를 많이 쓴 유럽의 여러 나라들과는 다르게 보이도록 해 줍니다.

세인트키츠네비스

트리니다드토바고

토바고의 국기를 보면, 테두리가 있는 검은 대각선 띠는 기둥에서 날개 쪽으로 갈수록 내려가는 형태입니다. 이는 기학에서는 흔치 않지만 문장학(*가문의 문장과 역사를 연구하는 학문)에서는 많이 보이는 대각선 띠입니다. 이와 달리 아래에서 위로 올라가는 대각선 띠도 있습니다.

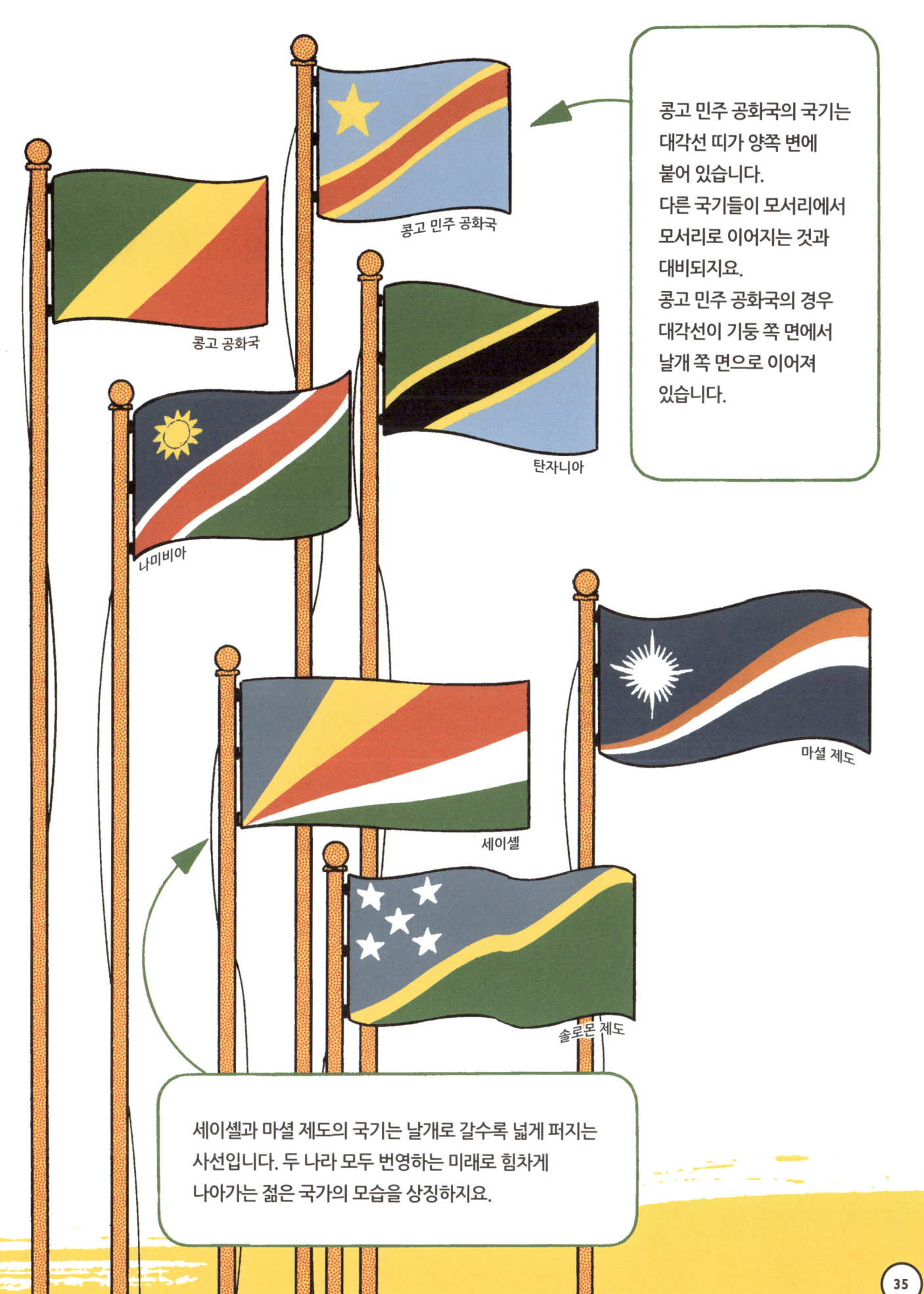

바누아투

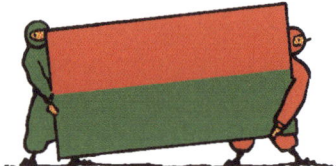 빨강과 초록 바탕을

 검은 테두리가 들어간 노란 Y자로

- 나누고 -

 검은 삼각형

- 안에 -

 국가 문장

1980년 태평양의 바누아투 군도가 프랑스와 영국으로부터 독립했을 때, 국기에 들어갈 색상으로 빨강과 초록, 검정을 선택했어요. 멜라네시아(*대양주 동북쪽의 여러 섬들) 나라들이 가장 좋아하는 색깔이죠.

빨강은 고대 섬에서 의식으로 행해지던 야생 돼지 도축을 의미해요.

노란 Y자 모양은 바누아투의 섬 모양이기도 하고 복음의 빛을 의미하기도 한답니다.

초록은 섬에서 무성히 자라나는 채소를 가리키죠.

검정은 바누아투 사람을 상징합니다.

소용돌이 모양을 한 야생 돼지의 엄니는 번영을 의미합니다. 섬 주민들은 엄니를 종종 목걸이 장식으로 쓰기도 하지요. 안에 있는 모양은 '나멜레'라 부르는 토착 양치식물의 잎입니다.

에리트레아

초록과 파랑 바탕을

빨간 화살촉으로
- 나누고 그 안에 -

국가 문장이 들어갑니다

1952년
영국의 지배에서 벗어난 이후, UN이 에리트레아의 자치를 도왔습니다. 파란 바탕에 올리브 화관은 UN 깃발에서 영향을 받은 것이지요.

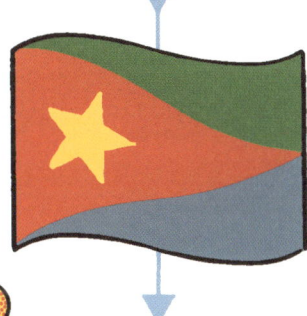

1961년
에티오피아가 강제로 에리트레아를 합병합니다. 에리트레아 국민 자유 전선(EPLF)은 새로운 침략 세력에 대항해 격렬한 전투를 벌였습니다. 깃발 안의 별은 독립군의 사회주의 사상을 뜻합니다.

1993년
마침내 다시 독립을 되찾고 나서, 에리트레아 국기에 있던 별이 없어지고 원래 있었던 올리브 화관이 들어갔습니다.

범아랍의 색상이 들어간 국기

아랍 국가들의 색상은 흰색, 검정, 초록, 빨강입니다.

오랜 세월에 걸쳐 다양한 아랍 왕조가 북아프리카와 중동 아시아를 지배했습니다. 그중 가장 유명한 왕조였던 우마이야, 압바스, 파티마, 하셰마이트 등은 깃발에 단 한 가지 색만 넣어 썼습니다. 1916년에 아랍 민족주의자들이 오스만 제국에 대항하여 혁명을 일으켰는데, 이때 아랍의 네 왕조를 상징하는 색깔을 모두 넣은 깃발을 휘날렸지요. 아랍 혁명에서 사용된 깃발은 많은 아랍 국가들이 국기를 만드는 데 큰 영향을 주었답니다.

1952년 이집트의 공화주의 혁명 세력이 왕을 내쫓고 자신들을 지배하던 영국을 몰아내었답니다. 그들은 빨강, 흰색, 검정으로 이루어진 깃발을 들었는데 후에 아랍 자유주의 깃발로 이름을 붙였습니다. 아랍의 국가들은 자신들이 공화주의 이념으로 똘똘 뭉치기를 바랐지요.

아랍 혁명 깃발

요르단

쿠웨이트

아랍 에미리트

팔레스타인

팔레스타인의 국기야말로 아랍 혁명의 깃발과 가장 비슷한 모양을 하고 있습니다. 단 한 가지 다른 점이라면 흰색과 초록이 바뀌었다는 것이지요.

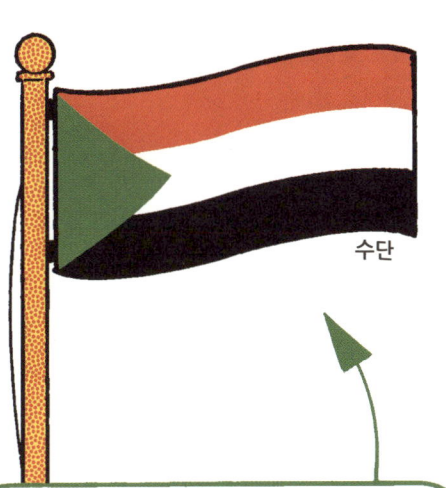
수단

수단 역시 범아랍 국가의 깃발 모양을 따르고 있는데, 다만 초록색 삼각형이 아랍 자유주의 깃발의 줄무늬 위에 놓여 있습니다. 이는 수단이 이집트와 가까운 관계라는 것을 알려 줍니다.

이집트 국기 가운데에 있는 상징물은 '살라딘(*고대 이집트 아유브 왕조의 창시자)의 독수리'라 불립니다. 카이로 시타델의 벽에 새겨져 있던 독수리의 모습에서 본떴는데, 1950년대에 아랍을 대표하는 상징이 되었습니다.

이집트

이라크

시리아

예멘

사우디아라비아

초록색 바탕

- 위에 -

흰색 사브르(*끝이 올라간 얇은 칼)

- 그 위에 -

흰색으로 쓴 샤하다

사우디아라비아의 국기는 20세기 초에 만들어진 이후 거의 변하지 않았습니다.

초록색은 무하마드의 딸이자 선지자인 파티마와 관련이 있습니다.

이슬람 국가에서는 재현 예술(*현실을 사실적으로 반영한 예술)을 금지하기 때문에, 서예의 수준이 매우 높습니다.

여기 새겨진 글씨는 샤하다, 다시 말해 이슬람 교인의 신앙을 증언한 것으로 뜻은 다음과 같습니다.

"알라 외에 다른 신은 없다. 무하마드는 신의 예언자이다."

이 샤하다는 깃발의 양면 모두 같은 방향에서 시작되므로, 항상 바르게 읽을 수 있습니다.

사브르의 칼날은 기둥 쪽으로 향해 있는데, 이는 샤하다를 오른쪽에서 왼쪽으로 읽으라는 뜻입니다.

깃발의 디자인은 와하브파(*코란의 교의를 엄격하게 지키는 이슬람 교파)의 깃발에서 많이 따왔는데, 와하브파는 18세기부터 샤하다를 넣은 깃발을 사용했습니다. 여기에 1902년 사우디 신앙의 호전적 성향을 과시하기 위해 사브르가 들어갔습니다.

 다른 아랍 국가에도 작은 새김 글자가 들어가지만, 그중에서도 사우디는 가운데에 글자를 새겨 넣은 유일한 나라입니다.

터키

초승달과 별 무늬는 그 유래가 고대 터키에 이를 정도로 뿌리 깊은 역사를 가지고 있습니다. 기원전 13세기에 살았던 수메르인의 발굴지에서 처음 발견되었는데, 달의 신과 태양신을 상징한다고 합니다. 이후에 이 상징물은 1세기경 비잔틴 제국에 다시 등장하여 로마시대의 여신인 루나와 디아나를 표현했습니다.

1844년

이슬람교도였던 오스만 제국은 6세기가 넘도록 동서양의 중심지 역할을 했습니다. 18세기 후반에 별과 달은 국가의 상징물로 들어와 제국의 깃발에 쓰였답니다.

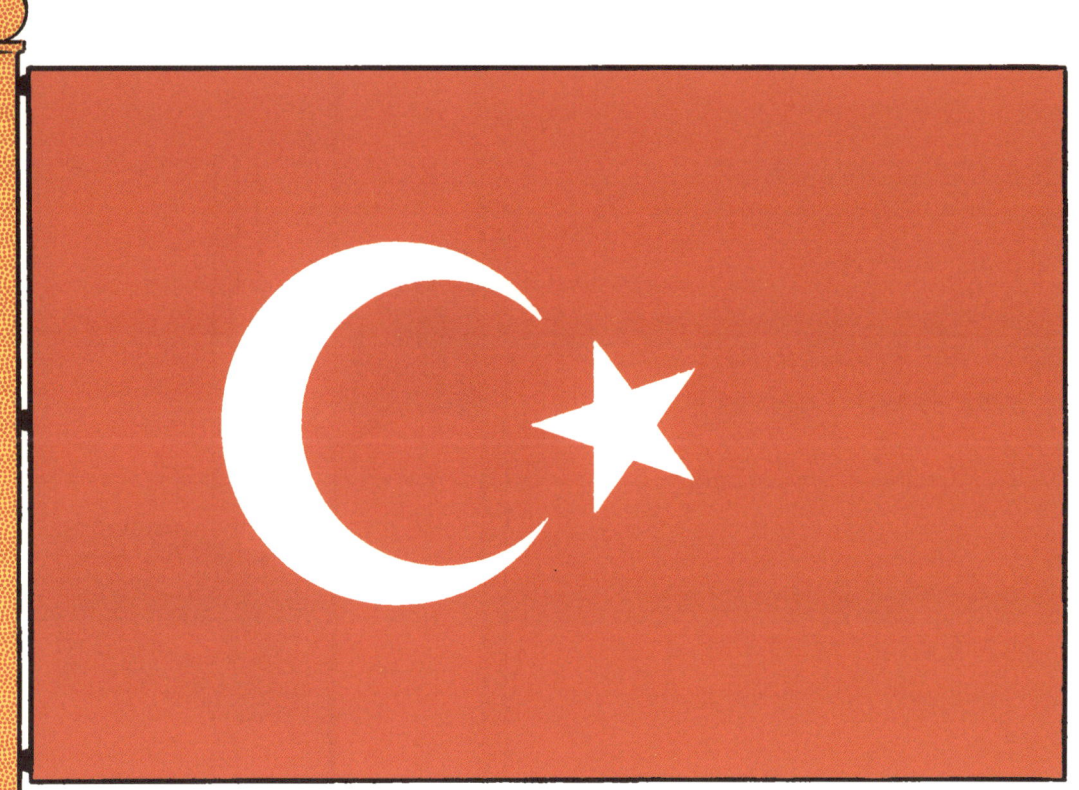

1936년

오스만 제국이 멸망하고 터키가 건국된 후에도 국기 모양은 거의 바뀌지 않았습니다. 초승달의 모양이 좀 더 가늘어졌고 별도 오각 별에서 팔각 별로, 그러다 다시 오각 별로 바뀌었지요.

초승달이 새겨진 국기

흔히 초승달과 별을 가리켜 이슬람의 상징이라고 합니다. 하지만 사실 그보다 2,000년 더 거슬러 올라가, 기원전 1500년경 메소포타미아 문명의 예술 작품에서도 볼 수 있었답니다.

-

오스만 제국이 공식 상징물로 활용하고 나서야 달과 초승달은 이슬람과 가까운 관계가 되었지요. 오스만 제국은 600년 넘게 이슬람 국가들을 지배했고 전성기 때에는 중부 유럽에서 동아시아, 아래로는 북아프리카까지 그 세를 확장할 정도였답니다.

-

20세기 내내 많은 이슬람 국가들이 오스만 제국의 강인함에 착안하여 깃발에 초승달과 별을 그려 넣었고, 이를 이슬람 신앙과 연관 지었습니다.

알제리와 튀니지, 아제르바이잔은 적어도 한 번 이상 오스만 제국의 지배를 받았습니다.

아제르바이잔

튀니지

알제리

모리타니

모리타니의 국기는 빨강이나 흰색, 파랑을 쓰지 않는 두 나라 중 하나입니다.

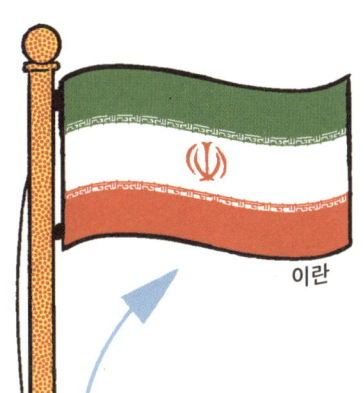
이란

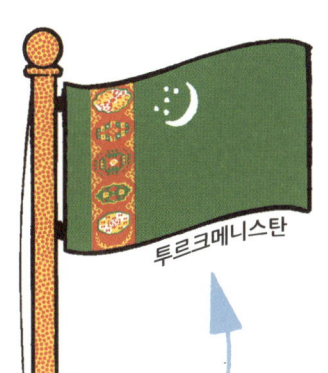
투르크메니스탄

우즈베키스탄

이란은 초승달을 특이한 방식으로 사용했어요. 초승달 4개를 튤립 모양으로 배열했지요. 이는 페르시아의 순교자를 상징합니다.

투르크메니스탄 국기는 세상에서 가장 복잡한 모양입니다. 나라의 대표 산업인 양탄자 제조업을 뽐내기 위함이지요.

우즈베키스탄 국기에는 초승달 옆으로 별이 12개 있습니다. 12개의 별자리를 의미합니다.

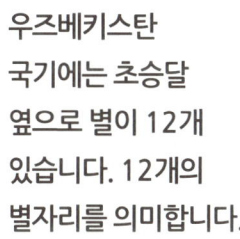
파키스탄

코모로

말레이시아

싱가포르

말레이시아 국기의 별은 원래 오각이었습니다. 하지만 이 모양이 공산주의를 떠올린다는 의견이 있어 십사각으로 만들었다네요.

싱가포르는 비(非) 이슬람 국가 중 국기에 유일하게 초승달 모양이 들어갔습니다. 5개의 별은 중국 국기의 영향을 받아 그린 것입니다.

45

리비아

빨강, 검정, 초록이 서로 다른 두께로 — 가로 줄무늬를 만들어 가운데에 — 흰 달과 별

1951년
리비아는 독립한 뒤 이드리스 1세의 지배를 받습니다. 이드리스는 자신의 문장을 만들 때 터키의 국기를 본떠 검은 바탕에 하얀 초승달과 별을 그려 넣었습니다.

1969년
카다피 대령이 왕조를 무너뜨립니다. 카다피는 아랍 자유주의 깃발에 영감을 받아 국기를 만들었습니다.

1977년
이집트에 화가 난 카다피는 국기를 초록색만 칠한 모양으로 바꾸어 버립니다. 이렇게 해서 '녹색 혁명'이라는 이름으로 새로운 수자원을 찾아 농업을 일으키고자 했지요.

2011년
카다피가 쫓겨나고 1951년에 썼던 국기 모양을 다시 가져왔어요.

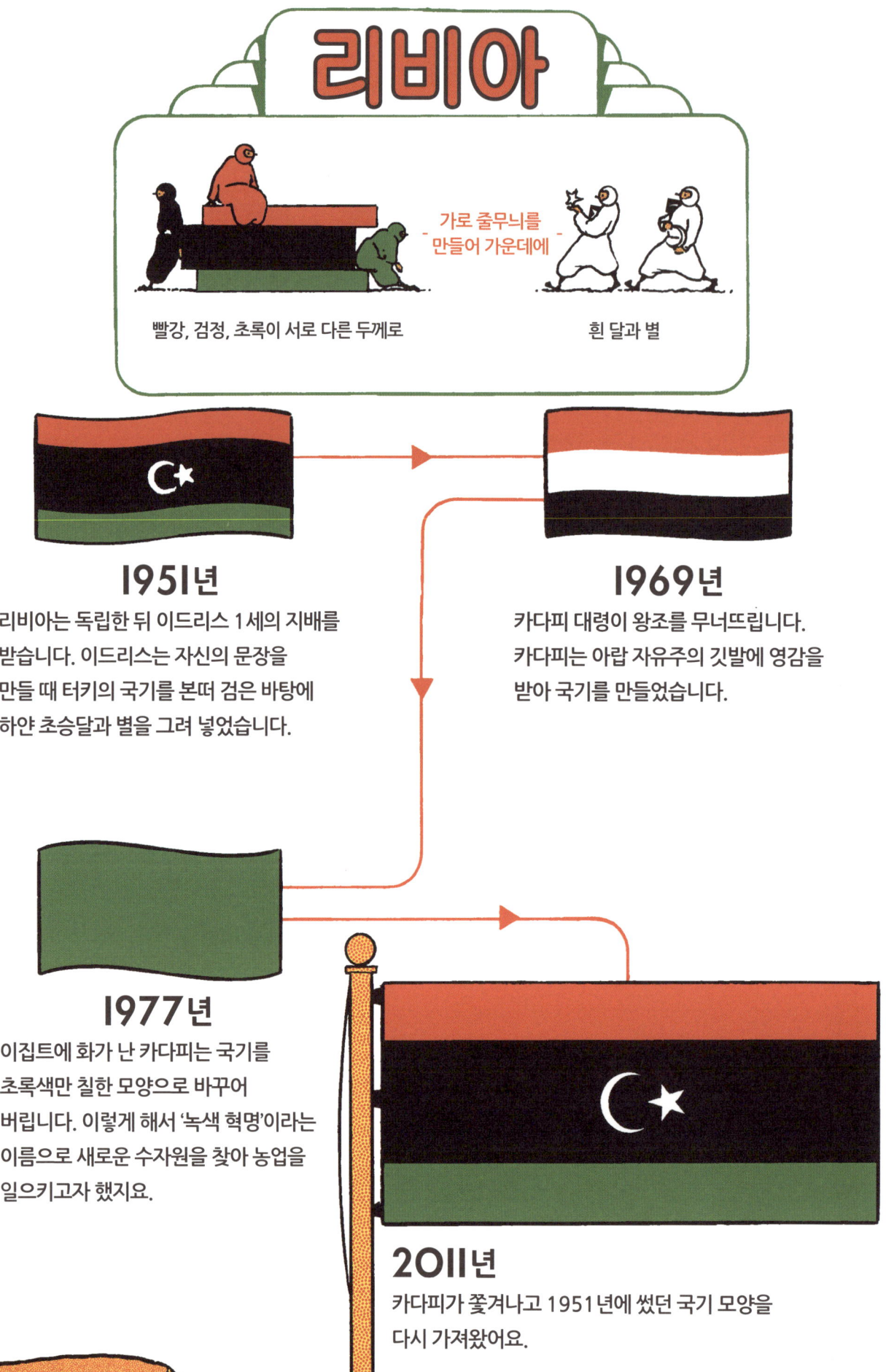

아프가니스탄

검정, 빨강, 초록색

- 세로 줄 위에 -

국가의 상징

지난 1세기 동안 아프가니스탄은 정치적으로 큰 혼란을 겪었습니다. 그 때문에 국기도 무려 21번이나 바뀌었지요. 세상에서 국기의 모양을 가장 자주 바꾼 나라랍니다.

1901년
아프가니스탄은 나라의 상징을 새로이 만들었습니다. 깃발과 대포, 칼, 짚에 둘러싸여 메카를 마주하고 있는 모스크의 모습을 하고 있지요.

1928년
영국의 지배에 벗어나자, 아마눌라 왕이 세 줄로 이루어진 깃발을 만들었습니다. 독일 깃발의 모양에서 착안했대요.

2013년
수많은 지배자들(왕, 공산주의자, 탈레반)을 거친 뒤에도, 1901년에 만든 상징과 아마눌라 왕이 국기에 썼던 색상은 오늘날 국기에서 여전히 볼 수 있답니다.

브루나이

노란 바탕 　　　 검정과 하양 대각선 띠 　　　 국가의 상징

-위에-　　　-여기에-

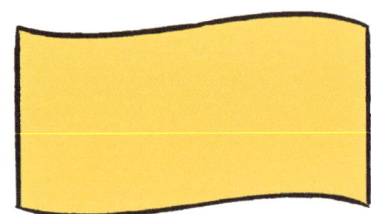

20세기까지만 해도 브루나이의 국기에는 샛노란 색깔만 있었답니다. 술탄을 표현한 것이었지요.

1906년, 브루나이가 영국령이 되었을 때 대각선 띠 두 개가 더 들어갔습니다. 브루나이의 수상을 의미합니다.

1959년 브루나이가 헌법을 제정할 때 국가의 문장이 국기에 더해졌습니다.

브루나이의 문장은 15세기에 만들어진 것입니다. 초승달을 정부의 자비로운 손이 떠받치고 있고, 그 위에 왕조를 상징하는 양산이 덮여 있습니다. 아랍어로 새겨진 글씨는 이런 뜻으로 읽힙니다.

"항상 신의 가호가 있기를, 평화의 나라 브루나이"

몰디브

빨간 바탕

- 위에 -

초록 판

- 그 위에 -

하얀 초승달

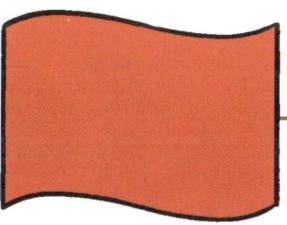

오랜 세월 동안 몰디브의 국기에는 오직 빨간색만 칠해져 있었습니다. 오만이나 카타르, 쿠웨이트 등 다른 중동 국가들과 같은 형태였지요.

1926년
좀 더 구체적인 모양으로 국기를 만들 필요가 있었습니다. 그래서 초록색 판과 이슬람을 의미하는 초승달이 들어갔지요.

1965년
몰디브가 독립을 이루자 국기의 모양도 좀 달라졌습니다. 기둥 쪽에 있던 줄무늬가 사라지고 초승달의 위치도 뒤바뀌었습니다.

동물이 그려진 국기

신화에 나오는 동물과 실제로 존재하는 동물 모두 깃발에 종종 등장합니다. 우리는 용감함, 강인함, 아름다움 등 동물의 특성을 상징으로 만들어 우리 자신을 비추어 보곤 하지요. 하지만 국기에 동물이 나오지 않더라도 나라마다 그 나라를 상징하는 동물이 있어요. 우리나라를 대표하는 동물은 무엇인가요?

도미니카의 황제 아마존 앵무새
앵무새 특유의 색상 덕분에 도미니카연방은 국기에 보라색을 쓰는 몇 안 되는 나라 중에 하나가 되었답니다.

과테말라 케찰
초록색을 띤 케찰은 스페인의 지배에서 벗어나 자유를 찾은 과테말라 국민들을 대표합니다.

알바니아와 몬테네그로의 머리가 두 개 달린 독수리
머리가 두 개 달린 독수리는 로마와 비잔틴 제국 시대로 거슬러 올라갈 만큼 오래된 상징물입니다. 15세기에 발칸 반도에서 알바니아 국민들이 오스만 제국에 대항하여 봉기를 일으킬 때 많이 알려졌습니다.

우간다의 회색 볏을 세운 두루미
두루미는 실제로 우간다의 군대를 나타내는 상징물로, 영국의 지배를 벗어난 이후에도 그대로 깃발에 남았습니다.

파푸아뉴기니의 쿠물
파푸아뉴기니의 토착 새인 쿠물은 나라의 통일을 표현합니다.

스리랑카의 금빛 사자
스리랑카 고유의 검인 '카스테인'을 들고 있는 금빛 사자는 용감한 스리랑카 국민들을 대변합니다.

부탄의 천둥 용
부탄이라는 이름 자체가 네 발로 보석을 쥔 전설의 용에서 따왔답니다.

멕시코

초록, 흰색, 빨강

세로 줄무늬를 만들어 가운데에

국가의 문장

1810년
성녀 과달루페가 그려진 깃발이 초기 멕시코의 국기라고 알려져 있습니다. 이 깃발은 가톨릭 신부였던 미구엘 히달고가 스페인의 지배에 대항하여 봉기할 때 들고 다녔습니다.

이 깃발을 들었을 당시 군대가 마침내 스페인을 몰아내었습니다. 이 군대를 일컬어 '세 개의 굳은 약속'이라 부릅니다. 나라의 종교 및 화합, 독립을 약속했기 때문입니다.

1821년
마침내 독립을 쟁취하고, 국기는 오늘날의 모습과 비슷한 모양이 되었습니다. 하지만 이때에는 독수리가 왕관을 쓰고 있고 발톱에 뱀이 없었습니다.

1968년
세월이 흘러 가운데의 상징물이 지금과 같은 형태로 바뀌었습니다.

공식 문장은 고대 아즈텍의 전설을 묘사한 것입니다. 테노치티틀란(지금의 멕시코시티)의 창시자가 뱀을 물고 있는 독수리 한 마리를 보았는데, 그 독수리가 호수 한가운데에서 자라던 선인장 위에 앉아 있었다고 합니다. 그 모습을 본 자리에 도시를 건설하였다지요. 아래에는 월계수 잎과 오크 잎으로 만든 화관이 국가의 색상으로 만든 리본으로 묶여 있습니다.

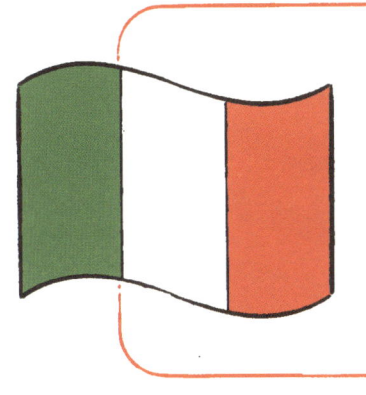

멕시코의 국기를 보고 자칫 이탈리아의 국기를 본떴다고 오해할 수 있습니다. 사실 멕시코의 국기가 더 오래되었으며 초록색도 이탈리아보다 좀 더 짙습니다. 하지만 두 국기 모두 프랑스의 세 가지 색상에서 영향을 받은 것은 맞습니다.

키리바시

빨갛고 파란 바탕 　-위에-　 구불거리는 흰색 띠 세 줄 　-그리고-　 떠오르는 태양과 군함새

1937년
키리바시는 원래 영국의 지배를 받고 있던 길버트 엘리스 제도의 일부였습니다.

공식 문장은 떠오르는 태양 위를 날아가는 군함새를 표현했습니다.

17개의 태양 광선은 16개의 길버트 제도와 바나나섬을 의미합니다.

1979년
키리바시는 독립국이 되었습니다. 새로운 국기는 식민지 시절 썼던 문장을 바탕으로 하고 있습니다.

3개의 흰색 줄무늬는 길버트와 피닉스, 라인, 즉 3개의 섬을 가리킵니다.

몰도바

파랑, 노랑, 빨강

세로 줄무늬를 만들어 가운데에
공식 문장

몰다비아 공국(1346~1859년)의 깃발은 빨간 바탕에 멸종된 유럽 토종 소의 머리를 그리고, 소의 주변에 장미와 초승달, 별을 그린 모습이었습니다.

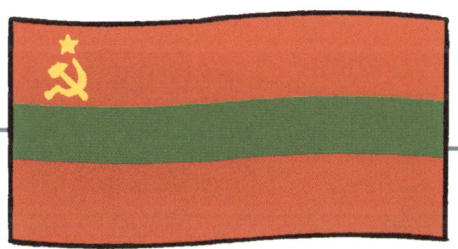

몰다비아는 오스만 제국과 소련, 독일, 루마니아, 다시 소련에 점령당했습니다. 1952년에 몰다비아는 농업을 뜻하는 초록색 줄에 소련의 문장을 넣은 깃발을 썼습니다.

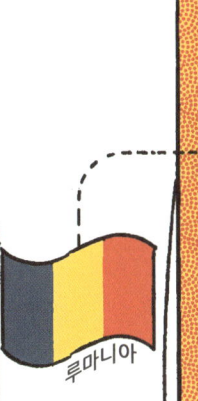
루마니아

파랑은 루마니아의 국기보다 더 밝습니다.

소는 독수리 모양 테두리 안에 있습니다.

1990년

소련이 무너지고 파란색 - 노란색 - 빨간색의 루마니아식 세 줄 모양이 채택되어 몰도바가 이웃나라와 결속하였다는 것을 보여 주었습니다. 얼마 전부터 몰도바의 깃발이 좀 더 뚜렷하게 보이도록 다른 모양으로 만들자는 의견이 나오고 있다네요.

세인트루시아

| 밝은 파란 바탕 | -위에- 하얀 테두리를 두른 검정 삼각형 | -그 위에- 노란 삼각형 |

1939년
16세기 이후부터 영국과 프랑스가 세인트루시아를 놓고 전투를 벌였습니다. 마침내 1814년 영국이 승리하면서 세인트루시아에는 식민지 깃발이 올라갔습니다.

세인트루시아의 문장에는 대나무 두 개가 십자 모양을 하고 있습니다. 여기에 프랑스를 상징하는 백합 문양과 영국을 대표하는 튜더 장미가 각각 두 송이씩 있습니다.

1958년
세인트루시아는 영국의 지배를 받았던 다른 카리브 연안 국가들과 함께 서인도 제도 연합의 일원이 됩니다. 깃발은 카리브해 위로 떠오르는 태양의 모습을 나타냅니다. 하지만 이 연합은 실패로 끝나고 1962년 해체되고 맙니다.

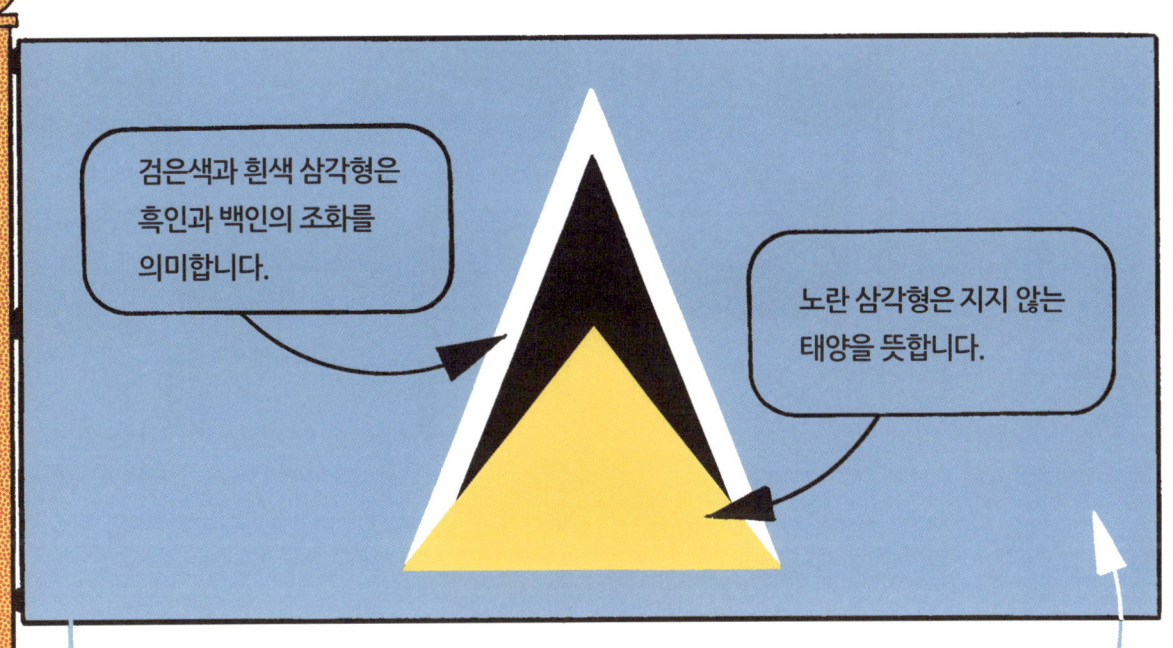

1979년

1967년에 세인트루시아는 영국의 연합주가 되어 새 깃발을 만들게 됩니다. 1979년에는 완전히 독립했고 국기는 지금과 같은 모습이 되었습니다.

검은색과 흰색 삼각형은 흑인과 백인의 조화를 의미합니다.

노란 삼각형은 지지 않는 태양을 뜻합니다.

파란 바탕은 섬 주변에 있는 대서양과 카리브해를 나타냅니다.

두 개로 겹친 삼각형은 파이톤, 즉 바다에서 솟아오른 화산을 의미합니다. 이는 곧 세인트루시아의 공식 상징이 되었답니다.

별이 돋보이는 국기

인간의 문명이 시작된 아주 옛날부터, 인간은 별을 바라보며 별이 간직한 비밀에 대해 궁금해 했답니다. 어떤 나라에서는 별을 보고 신에 관한 이야기를 만들어 냈고 다른 나라에서는 별끼리 이어 별자리를 만들기도 했지요. 탐험가들은 낯선 바다를 항해할 때 별을 활용했고 천문학자들은 우리 지구에 대해 새로운 사실을 알아내려고 별을 연구했어요.

-

수많은 세월 동안, 별은 많은 사람들에게 큰 의미를 가져다주었습니다. 희망, 독립, 통일, 혁명 등등 말이지요. 덕분에 20세기 이후 새로이 건설된 나라들은 별을 깃발의 단골 소재로 썼답니다.

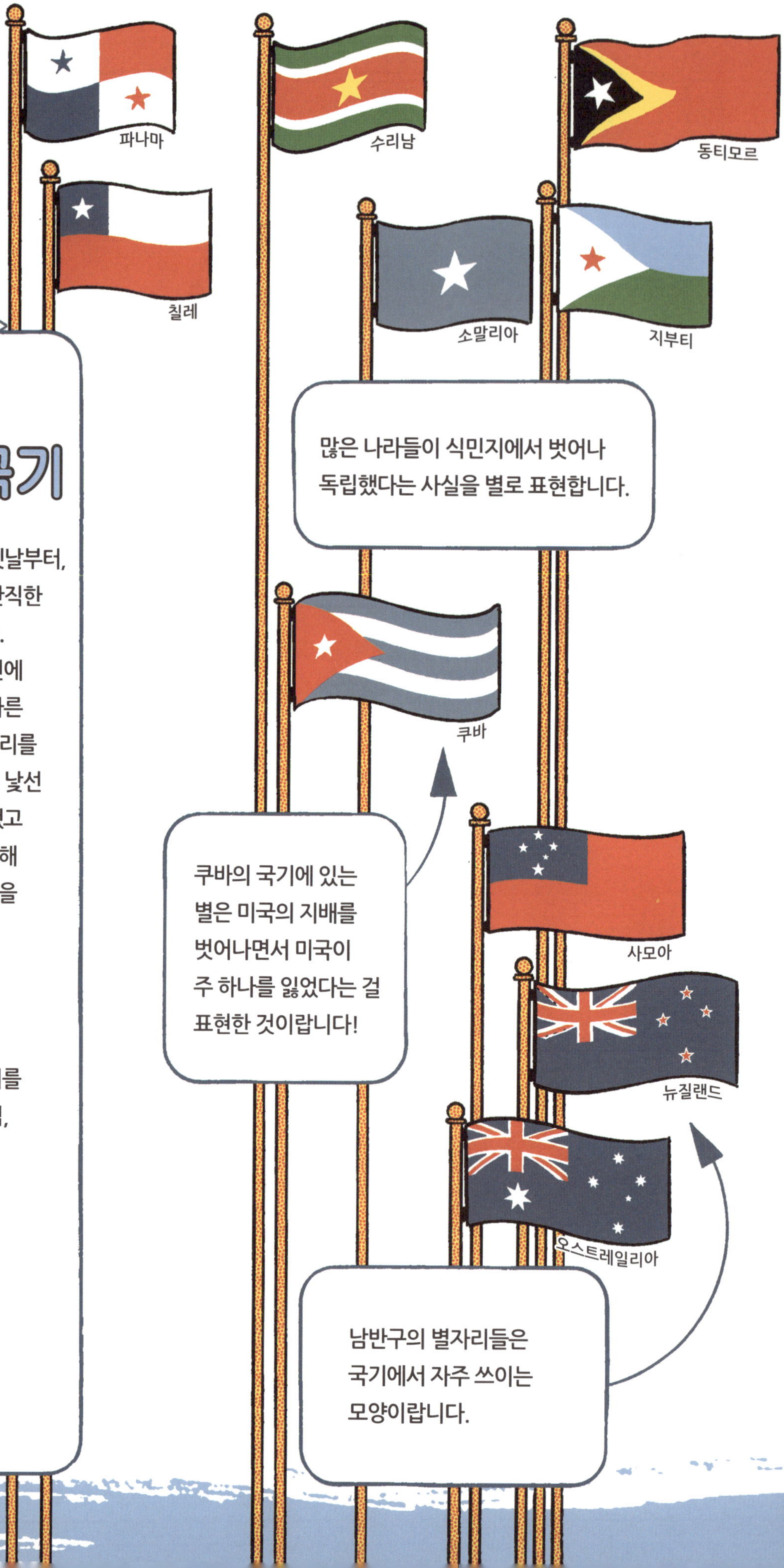

많은 나라들이 식민지에서 벗어나 독립했다는 사실을 별로 표현합니다.

쿠바의 국기에 있는 별은 미국의 지배를 벗어나면서 미국이 주 하나를 잃었다는 걸 표현한 것이랍니다!

남반구의 별자리들은 국기에서 자주 쓰이는 모양이랍니다.

유럽 연합(EU)의 깃발은 회원국이 국기를 만드는 데 많은 영향을 주었습니다.

유럽 연합

코소보

보스니아 헤르체고비나

모로코의 국기에 있는 별 다섯 개는 조금 달라요. 오각형을 하고 있는데, 이는 이슬람의 다섯 개 기둥을 의미하죠.

모로코

미얀마

소련이 깃발에 별을 넣은 후로 별은 공산주의와 사회주의의 상징이 되었어요.

여러 개로 묶인 별은 주, 지방, 섬 등 그 나라의 다양한 일부분을 가리킵니다. 이를테면 미크로네시아 국기에 있는 별 네 개는 네 개의 주를 말합니다. 추크 제도, 폰페이섬, 코스라에섬, 야프섬 말이지요.

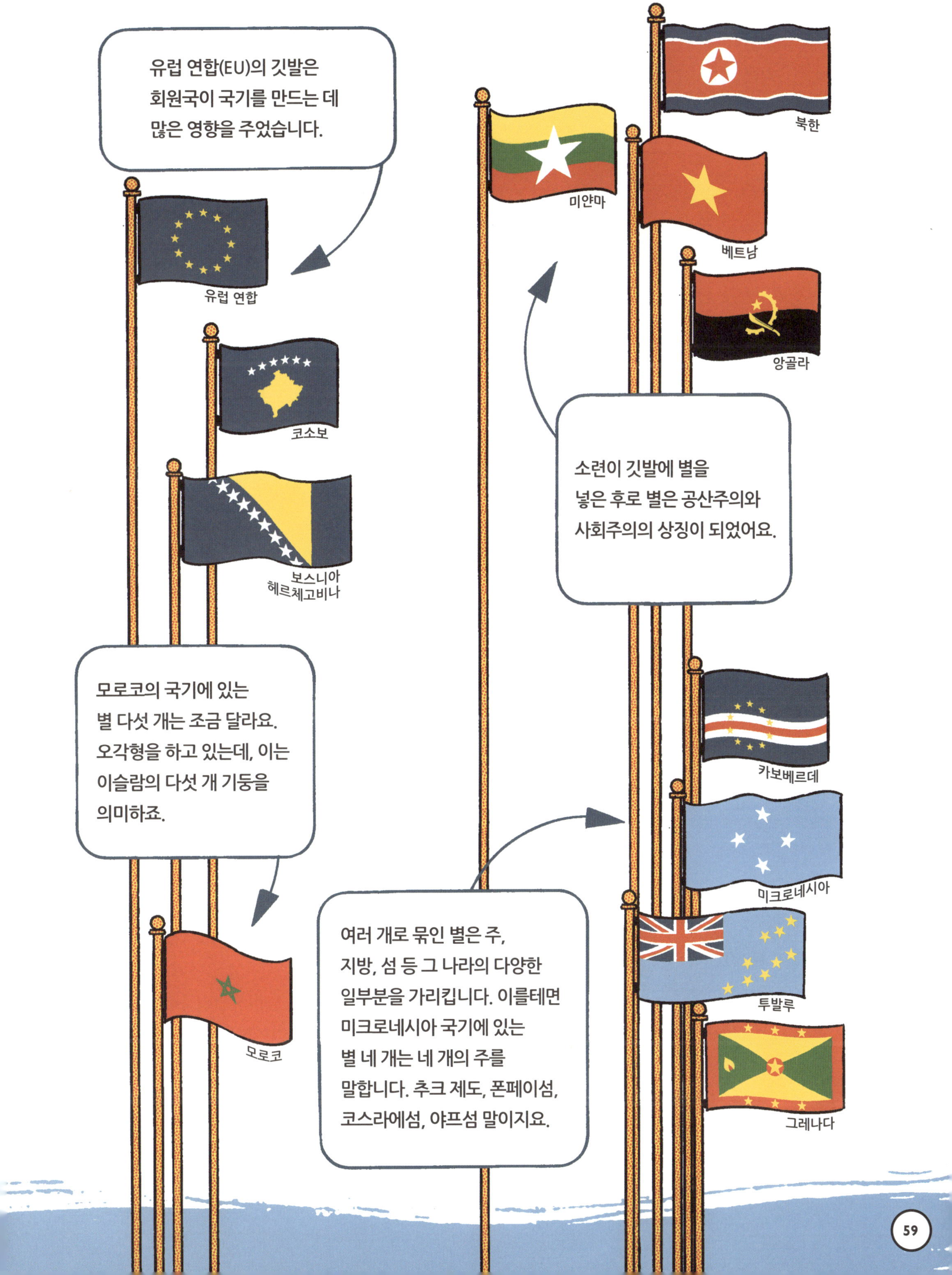

북한

베트남

앙골라

카보베르데

미크로네시아

투발루

그레나다

중국

- 왼쪽 위에 -

빨간 바탕   별 다섯 개

1889년

중국은 2천 년이 넘게 황제가 지배한 나라입니다. 노란색은 중국에서 황제를 뜻하는 색깔이었지요. 청나라는 청룡이 그려진 노란색 깃발을 사용하였는데, 행운을 가져다준다는 '불타는 진주'를 함께 넣어 권력과 강인함을 상징했습니다.

1912년

청나라가 무너진 후 중화민국이 세워지고 다섯 개의 색상을 넣은 국기가 채택되었습니다. 각각의 색깔은 중화민국의 다섯 개 민족을 대표합니다. 위쪽부터 차례로 말하면 한, 만주, 몽골, 후이, 티베트를 가리킵니다.

1928년

중화민국의 공식 국기를 일컬어 '하얀 태양, 파란 하늘 그리고 완전히 붉은 지구'라 불렀습니다. 공산주의 혁명이 일어나고 마오쩌둥은 중화 인민 공화국을 세우면서 이 깃발을 금지했습니다. 하지만 대만에서는 국기로 여전히 휘날리고 있습니다.

1949년

중화 인민 공화국의 국기는 전국 공모전을 통해 채택되었습니다. '증련송'이라는 사람이 이 대회에서 우승했다고 합니다.

빨간 바탕은 공산당을 의미하는 동시에 중국 문화에서 행운과 기쁨을 뜻하기도 합니다.

가장 큰 별은 공산당을 뜻하며 네 개의 작은 별은 노동자, 농민, 소자산 계급, 그리고 민족 자산 계급을 나타냅니다. 잘 보면 작은 별이 큰 별을 향해 있다는 것을 알 수 있습니다.

다섯(5)은 중국 문화에서 아주 중요한 숫자입니다.

노란색은 중국의 밝은 미래를 표현합니다.

이스라엘

- 위에 - - 그 사이에 -

하얀 바탕 / 파란 가로 줄무늬 두 개 / 파란 육각 별

이스라엘의 국기는 1891년 처음 만들어졌습니다. 정식으로 나라가 생기기 50년 전에 말이지요. 이 깃발은 유대인들이 나라를 건설하기 위해 일으킨 시오니즘 운동에 처음 등장합니다. 1948년 이스라엘이 세워지자 이 깃발은 공식 국기가 되었습니다.

파랗고 하얀 줄무늬는 유대인들이 기도할 때 걸치는 숄인 '탈릿'에서 따온 것입니다.

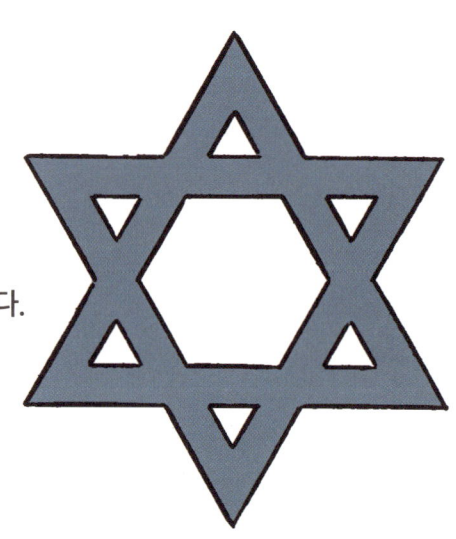

육각 별은 콕 집어서 유대인의 상징이라고 할 수는 없습니다. 16세기 이후 유대인 문화에 널리 쓰이긴 했지만요. 동유럽에 살던 유대인들은 십자가에 대항할 만한 '상징'으로 구별하기 쉬운 육각 별 모양을 사용했습니다. 이 모양은 '다윗의 별'이라고도 알려져 있지요.

나우루

| 어두운 파랑 바탕 | 가느다란 금빛 띠 | 십이각 별 |

-위에- -그 아래에-

태평양에 있는 나우루는 국기로 그 나라의 지리적 위치를 대변합니다. 적도의 1도 아래에 있으면서 날짜 변경선에서 서쪽으로 비껴 있지요. 나우루는 독일과 영국, 일본, 호주의 지배를 거쳐 1968년 독립했습니다.

> 금빛 띠는 적도를 나타냅니다.

> 어두운 파란 바탕은 태평양을 의미하지요.

> 십이각 별은 섬에 사는 12개 폴리네시아 및 미크로네시아 부족을 가리킵니다. 별이 흰색인 이유는 섬의 주요 광물 자원인 인산염의 색상이 흰색이기 때문입니다.

브라질

'아우리베르데'라고도 해요

초록색 바탕 — 위에 — 노란 마름모꼴 — 그 안에 — 파란 원 — 그 위에 — 27개의 하얀 별 — 그리고 — 국가의 표어

1822년

브라질은 포르투갈 제국에서 독립을 선언합니다. 그리고 페드로 1세가 브라질 황제로 즉위했습니다. 초록색은 페드로 가문의 문장 색상이며, 노란색은 페드로 1세의 아내이자 오스트리아의 황후였던 마리아 레오폴디나의 색상입니다. 혼천의(고대에 위치를 알려 주는 기구로 포르투갈의 국기에서도 볼 수 있습니다.)가 그려진 공식 문장이 그려져 있으며 그 주변의 하얀 별은 브라질의 지방을 가리킵니다.

1889년

제국이 무너지고 브라질 연방 공화국이 만들어졌습니다. 이 임시 국기는 5일 동안 휘날리다가, 결국 어떤 합중국의 국기와 너무 비슷하다는 사실이 밝혀지고 말아서 그만······.

64

1889년

브라질의 국기를 일컬어 아우리베르데라고도 부릅니다. 금빛과 초록을 의미합니다.

국기는 1822년 국기의 요소를 조금 따왔습니다. 보다 세련되어진 디자인은 새로운 공화국으로 가고자 하는 열망을 나타냅니다.

표어는 '질서와 진보'라는 뜻으로 프랑스의 철학자인 오귀스트 콩트의 말에서 따왔습니다. 그는 "사랑은 원리이고 질서는 기초이며, 진보를 목표로 한다."고 말했습니다.

가운데 원 모양의 상징은 '천구'라고 불리며 1889년 11월 15일 공화국이 세워지던 날의 별자리를 묘사합니다.

27개의 별은 26개 주와 수도인 브라질리아를 가리킵니다.

미국

성조기라고 부릅니다

13개의 빨강과 흰색 줄

- 왼쪽 위에 -

파란색 직사각형

- 그 위에 -

하얀 별 50개

50개의 하얀 별은 '연합'이라 불리며 미국을 구성하는 50개 주를 가리킵니다.

색상에 대한 공식적인 의미는 없지만, 흰색은 순수함을, 빨강은 근면과 용기를, 그리고 파랑은 인내와 정의를 의미한다고 알려져 있습니다.

13개의 빨갛고 하얀 줄무늬는 1776년 영국으로부터 독립을 선언한 13개 주를 가리킵니다.

1776년
영국으로부터 독립한 첫 해에 미국은 왼쪽 위에 1801년 이전에 쓰인 영국기를 사용하였습니다. 이 형태는 영국 동인도 회사의 깃발 모습에서 영향을 받았다고 여겨집니다.

1777년
벳시 로즈라는 사람이 처음 '별과 줄무늬' 모양을 만들어 내었다고 전해져 내려옵니다. 조지 워싱턴이 그린 그림을 바탕으로 했다면서요. 하지만 실제로는 독립 선언문에 서명을 한 프랜시스 홉킨스가 디자인한 것입니다.

미국의 국기는 처음 만들어진 이후 28번 변화를 거칩니다.
주가 하나씩 늘어날 때마다 왼쪽 위의 별 개수도 하나씩 늘어났지요. 줄무늬의 개수는 변함이 없었습니다. 별의 위치는 정해진 것이 없었습니다. 어떤 것은 무척 화려한 배열을 자랑했지요.

범아프리카 색상이 들어간 국기

범아프리카 색상은 두 가지가 있습니다. 다른 데에서 출발했지만 두 가지 모두 아프리카인들의 자유와 혈통을 대표합니다.

-

첫 번째는 에티오피아 왕조의 색상인 초록과 금색, 빨간색으로 이루어져 있습니다. 에티오피아 왕조는 1800년대 후반 유일하게 식민지 침략에 저항하여 나라를 지켜낸 왕조입니다. 그 덕분에 다른 나라들이 독립하여 새로 국기를 만들 때에도 에티오피아의 강인함에 큰 영향을 받아 이 세 가지 색상을 많이 참고했답니다.

-

두 번째 구성은 빨강과 검정, 그리고 녹색입니다. 1917년 범아프리카 운동을 이끌었던 마커스 가비는 아프리카인들의 고귀한 피를 의미하는 빨강, 사람들의 피부색인 검정, 그리고 풍요로운 아프리카 땅을 뜻하는 녹색을 만들었습니다. 가비의 목표는 전 세계의 모든 아프리카인이 스스로 일어서고 민족성을 유지하도록 하는 것이었습니다. 그래서 많은 아프리카 국기에서 그의 메시지를 볼 수 있답니다.

가비가 만든 줄무늬 세 개 (1917)

케냐

케냐는 1963년 처음으로 가비의 색상을 채택했습니다. 1964년 말라위가 그 뒤를 따릅니다.

말라위

남수단 공화국

잠비아

잠비아의 깃발은 특이하게도 가장 중요한 부분이 날개 오른쪽 아래에 있답니다.

스와질란드

| 파란 바탕 | -위에- | 노란 테두리를 두른 빨간 띠 | -그 위에- | 세 개의 파란 인조보 | -여기에- | 노란 창 두 개와 지팡이를 장식 | -그 위에- | 응구니 족의 흑백 방패 |

빨강은 과거에 벌였던 전투를 가리킵니다.

노랑은 나라의 풍요로움을 상징합니다.

파랑은 평화를 말합니다.

1968년

스와질란드가 영국의 지배에서 벗어난 이후, 고유의 문화유산과 전통을 담은 국기를 만들어냅니다. 깃발에는 전통적 방식으로 만든 수소 가죽 방패와 두 개의 창이 그려져 있습니다. 여기에 또 파란색 인조보(왕족을 상징하기 위해 깃털로 장식하는 것)를 곁들입니다. 이 방패 무늬는 인종 간의 평화를 의미합니다.

케냐

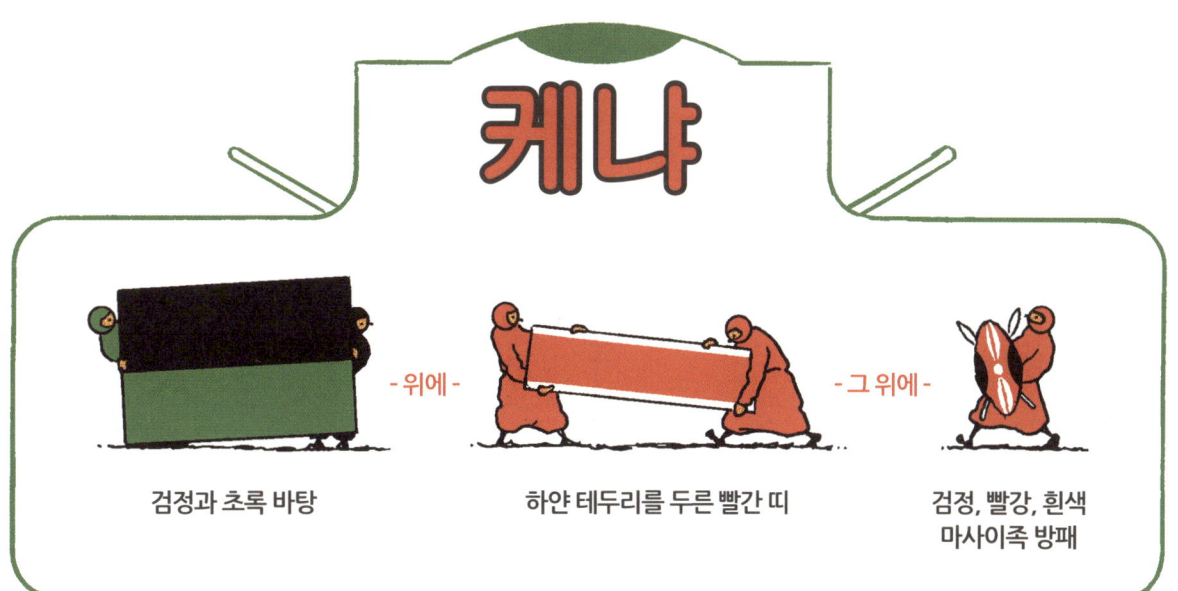

-위에-   -그 위에-

검정과 초록 바탕 / 하얀 테두리를 두른 빨간 띠 / 검정, 빨강, 흰색 마사이족 방패

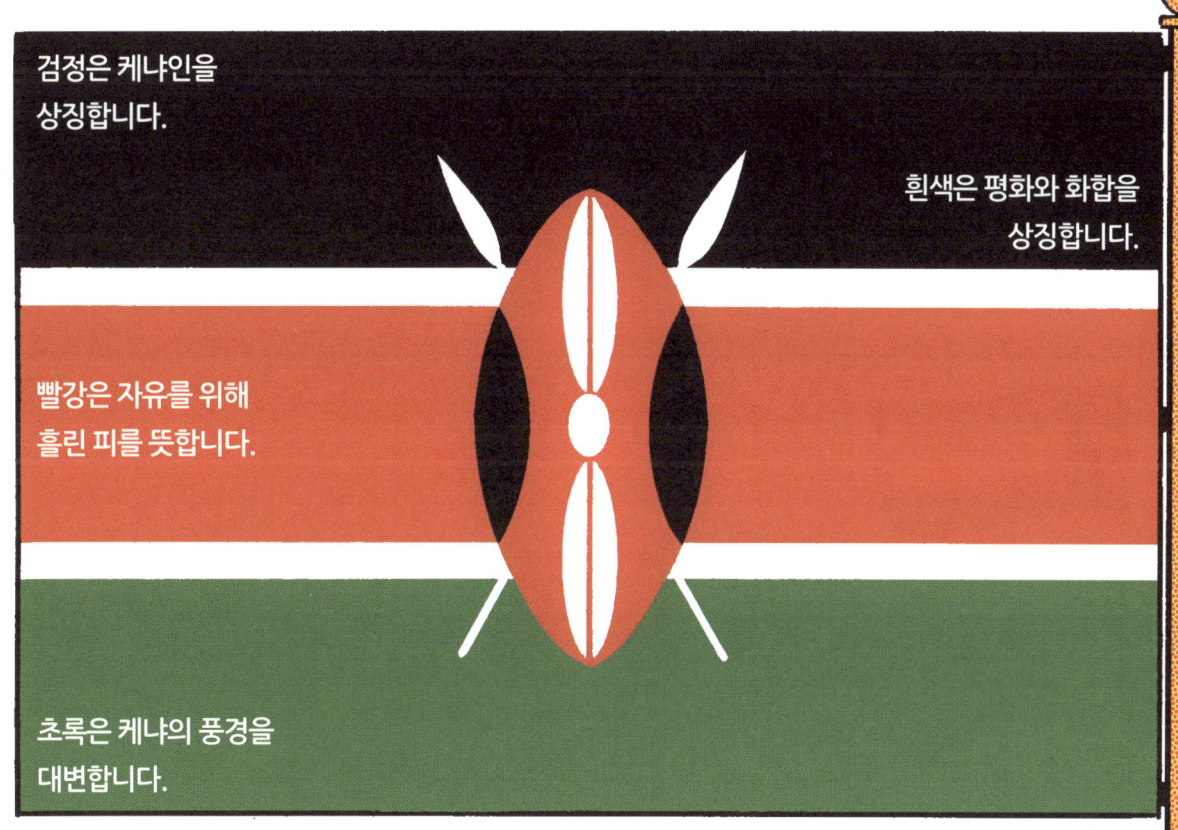

검정은 케냐인을 상징합니다.

흰색은 평화와 화합을 상징합니다.

빨강은 자유를 위해 흘린 피를 뜻합니다.

초록은 케냐의 풍경을 대변합니다.

1963년

케냐 역시 스와질란드처럼 유럽령 동아프리카로 불리는 식민지였습니다. 독립을 위해 치열한 전투를 벌인 끝에 결국 제국주의에서 벗어나 자유를 되찾습니다. 새로이 만들어진 국기는 가비의 색상을 바탕으로 마사이 전사의 방패가 그려져 있습니다. 방패 뒤에는 창이 X표로 겹쳐져 있는데, 이는 나라의 독립과 가치를 표현한 것입니다.

짐바브웨

초록, 노랑, 빨강, 검정으로 구성된
일곱 개 줄무늬

- 기둥 쪽으로 -
검은 테두리가 있는
흰색 삼각형

- 그 위에 -
빨간 별

- 또 그 위에 -
노란 짐바브웨 새

1923년
짐바브웨의 원래 이름은 '남로디지아'로, 영국의 사업가였던 세실 로즈가 지었답니다. 로즈의 회사가 이 지역을 관리하고 있었거든요.

1968년
백인으로 구성된 소수 정부가 독립을 선언합니다. 새로운 깃발에는 '짐바브웨 새'가 그려져 있습니다. 짐바브웨 새는 대짐바브웨 유적지에서 발견된 고대 돌상입니다.

1979년
게릴라 반군이 백인 정부를 무너뜨리고 범아프리카 색상을 넣은 임시 깃발을 올렸습니다.

흰색 삼각형은 평화와 진보를 표현합니다.
빨간 별은 사회주의를 대변합니다.
검정은 짐바브웨 민족입니다.
빨강은 자유를 위해 투쟁한 것을 의미합니다.
노랑은 풍부한 광물 자원을 뜻합니다.
초록은 비옥한 땅을 표현했습니다.

1980년
짐바브웨는 마침내 완전히 독립을 이루어 내었으며, 새로운 국기를 만들 때 가장 눈에 잘 띄는 자리에 짐바브웨 새를 넣었습니다.

모잠비크

 -위에-  -그 안에-  -그 위에-

하얀 테두리가 들어간
초록, 검정, 노란색 세 줄 　　　빨간 삼각형　　　노란 별　　　국가 문장

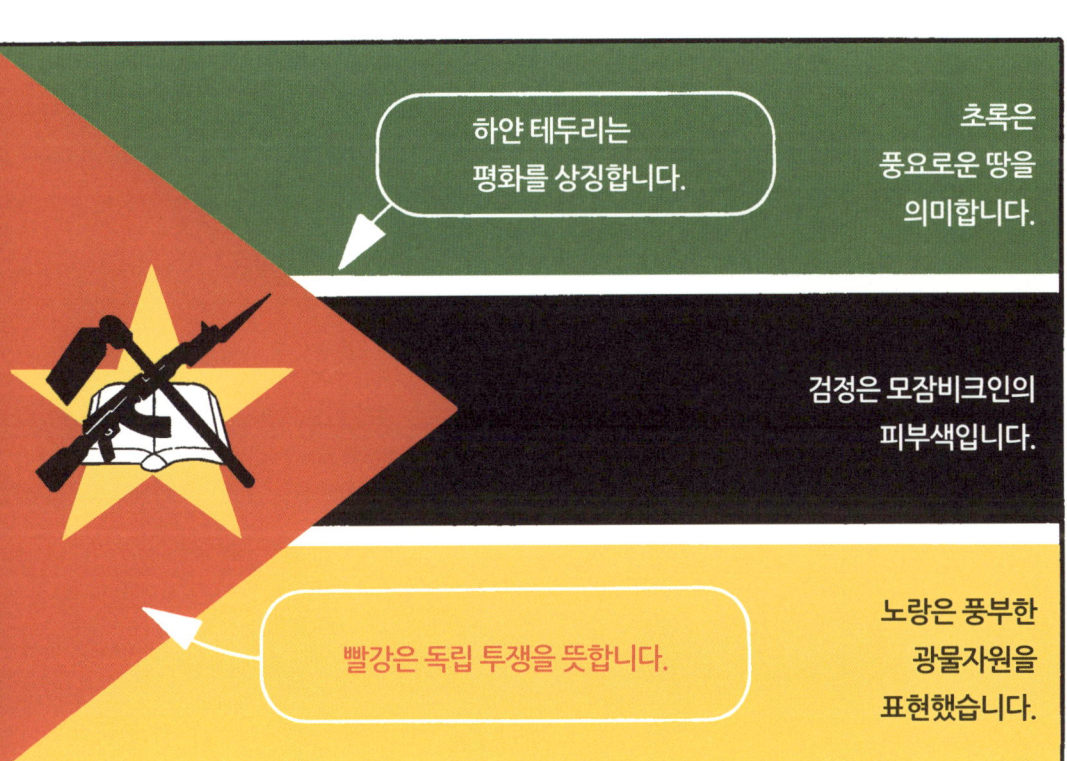

하얀 테두리는 평화를 상징합니다.

초록은 풍요로운 땅을 의미합니다.

검정은 모잠비크인의 피부색입니다.

노랑은 풍부한 광물자원을 표현했습니다.

빨강은 독립 투쟁을 뜻합니다.

모잠비크는 1975년에 포르투갈로부터 완전히 독립했습니다. 국기에는 펼쳐 있는 책 위에 곡괭이와 AK-47 소총이 X자 모양으로 겹쳐 있습니다. 책은 교육을, 곡괭이는 농업을, 총은 나라를 지키려는 마음을 뜻합니다. 1983년에는 여기에 별이 더해져 마르크스주의를 표현했습니다. 모잠비크의 국기에는 과테말라와 함께 국기에 무기가 들어갔습니다.

남아프리카

빨강과 파란 바탕

-위에-

흰 테두리가 들어간 초록색 Y자

-그 안에-

흰 테두리가 들어간 검정 삼각형

1910년
이름뿐이나마 독립을 얻어내었지만, 남아프리카는 영국 식민지 시절에 쓰던 깃발을 그대로 날렸습니다. 이 깃발은 네덜란드 식민주의자들의 후손이었던 아프리카너(*아프리카에 사는 백인) 사이에서는 큰 인기를 얻지 못했습니다.

1928년
소수 백인 정부는 새로운 깃발을 써서 영국인과 아프리카너 사이의 화합을 표현하고자 했습니다. 모양은 왕자의 깃발이라 불리는 전통적 네덜란드 깃발에 바탕을 두었습니다. 이 때문에 주황색, 흰색, 파란색 줄무늬 모양입니다.

깃발 안에 작은 깃발 3개는 남아프리카 지방을 대표합니다. 왼쪽의 영국기는 영국이 지배했던 나탈(*남아프리카 동쪽에 있는 주)과 케이프 지역을 의미합니다. 가운데 깃발은 네덜란드계 남아프리카인의 오렌지자유주를, 그리고 오른쪽은 남아프리카 공화국을 뜻합니다.

1994년

남아프리카 공화국의 아파르트헤이트(인종차별 정책) 시대가 마침내 끝을 맺고,
넬슨 만델라가 이끄는 아프리카 민족회의가 등장하여 새로운 깃발을 만들었습니다.
이 국기는 잠깐만 쓰기로 되어 있었지만, 긍정과 통합정신을 매우 잘 표현하였기 때문에
1996년 이후로 계속 쓰이게 되었답니다.

남아프리카의 국기가 아프리카 민족주의의 색상과 이전 식민지 국가였던 영국과 네덜란드를 얼마나 절묘하게 섞었는지 보이나요? Y자 모양은 두 길, 다시 말해 과거와 현재가 하나로 모인다는 것을 의미합니다. 국기에 색상이 여섯 개나 들어가는 형태는 흔치 않지요.

보츠와나

밝은 파랑 바탕

- 위에 -

흰 테두리를 두른 검은 띠

밝은 파랑으로 하늘과 물을 표현했습니다.
건조한 나라에서는 보기 힘든 것이지요.

1966년

보츠와나가 영국으로부터 독립했을 때, 일부러 인종차별 정책을 썼던 남아프리카와는 다른 모양의 국기를 만듭니다. 보츠와나에 사는 사람들의 평화로운 공존을 강조했지요.

검은색과 흰색 줄무늬는 아프리카인과 유럽 후손들 사이의 조화를 의미합니다. 또한 보츠와나의 국가 동물인 얼룩말의 무늬이기도 하지요.

마다가스카르

빨강과 초록 바탕

- 왼쪽에 -

흰 직사각형

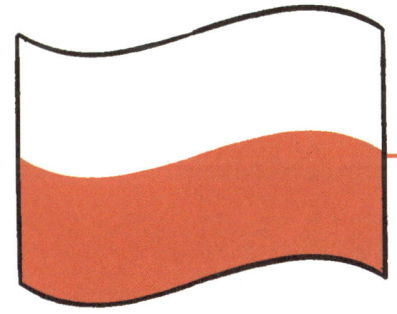

빨강과 하양은 메리나 족의 색상입니다. 메리나 족은 프랑스가 침략하여 점령하기 전까지 마다가스카르를 다스렸던 왕족이지요. 메리나 족의 조상이 인도네시아에서 왔기 때문에 빨강과 하양을 사용한 것으로 보입니다.

1966년
마다가스카르가 프랑스의 보호를 받게 되자, 프랑스의 삼색이 들어간 국기가 올라갑니다.

1958년
마다가스카르가 프랑스의 지배에서 벗어났을 때, 메리나 족의 색상인 빨강과 하양에 초록이 더해졌습니다. 이런 흔치 않은 색상 조합은 마다가스카르가 프랑스의 식민지 영향력에서 벗어나 멀리 가고 싶은 소망을 표현했습니다.

두 가지 색상으로 만든 국기

두 가지 색은 깃발에서 두 가지 색이 세로 또는 가로로 나뉘는 것을 말합니다. 이는 유럽의 역사 중 문장학(*가문의 문장과 역사를 연구하는 학문)과 많은 관련이 있지요.

중세 유럽에서 귀족 가문에는 '문장'이 있었습니다. 이 문장은 자신이 어느 가문 소속인지, 자신이 얼마나 중요한 인물인지 알려 주는 신분증 역할을 했지요. 이러한 귀족 가문의 사람들은 아주 강력한 권력을 지녔기 때문에 나라를 지배하기도 했습니다. 그리고 나중에는 문장이 나라를 상징하는 깃발로 쓰이기도 했습니다.

이 나라들이 국기를 만들려고 했을 때, 어떤 나라는 문장의 색깔을 좀 더 단순하게 만들어 깃발에 넣었습니다. 유럽에서 두 가지 색상으로 이루어진 국기는 이렇게 단순하게 만드는 과정을 거쳤지요. 그럼, 국기들과 국기들에 영향을 준 문장이 서로 어떻게 닮았는지 볼까요?

바티칸 시국

은색 열쇠 위의 금색 열쇠가
노란색과 흰색으로 바뀌었습니다.

산마리노

하늘색 위의 세 개의 은색 탑이
흰색과 파란색으로 단순하게 변했습니다.

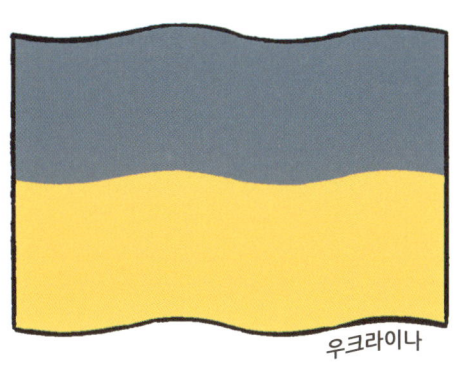
우크라이나

우크라이나 국기의 색상은 중세 시대 유럽 중동부 지방의 문장에서 따왔습니다.

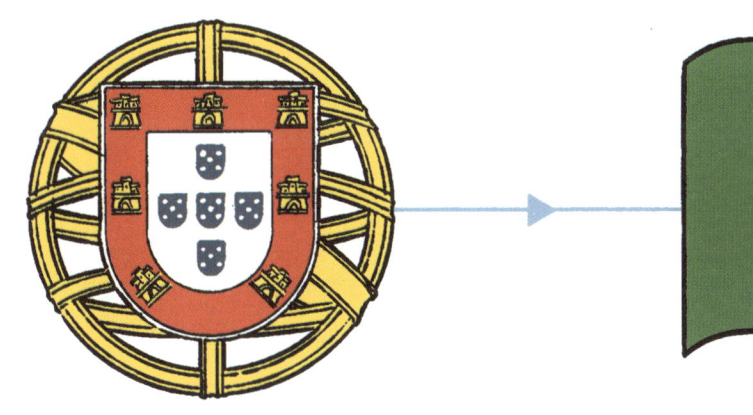
포르투갈

오랜 기간 동안 포르투갈의 국기는 파란색과 흰색으로 이루어진 두 가지 색상이었습니다. 문장 위에 파란색과 흰색 방패가 있는 모양을 따른 것이지요.

하지만 1911년, 새 정부는 포르투갈 공화국에 걸맞은 초록색과 빨간색을 도입합니다.

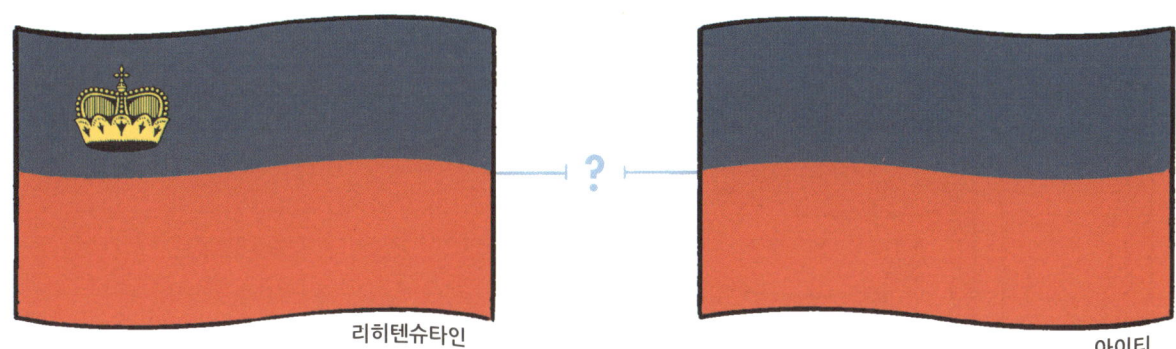
리히텐슈타인   아이티

리히텐슈타인이 1936년 베를린 올림픽에 등장했을 때, 대표단이 들고 나온 국기가 아이티의 국기와 완전히 똑같다는 사실이 드러났죠. 그래서 이듬해 리히텐슈타인은 왼쪽 위에 노란 왕관을 넣었어요.

아이티의 두 가지 색상 국기는 리히텐슈타인과 조금 다른 데에서 유래합니다. 아이티가 프랑스 식민 정책에서 벗어났을 때, 새롭게 등장한 지도자가 프랑스 국기 가운데의 흰색을 찢어 버리고 나머지 색상을 뒤바꾸어 꿰맸다고 합니다.

빨간색과 흰색이 들어간 국기

어떤 국기는 헷갈릴 정도로 비슷합니다.
폴란드와 모나코, 인도네시아는 모두 빨간색과 흰색이 가로로 나누어져 있지요.
하지만 이러한 공통점은 그저 우연에 지나지 않으며, 그 각각의 유래는 무척 다릅니다.

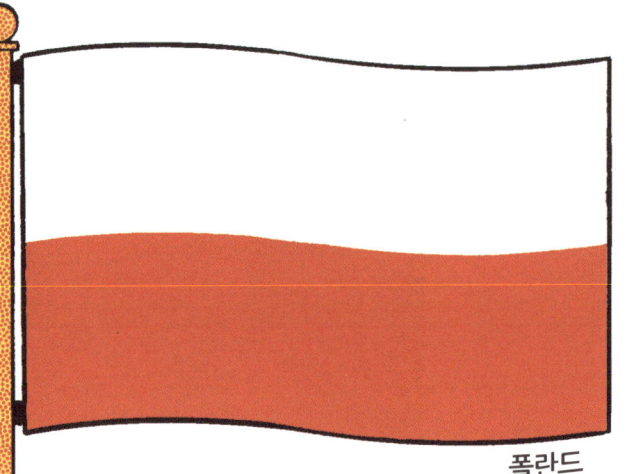
폴란드

폴란드의 국기는 빨간 방패 위에 흰 독수리로 만들어진 중세 문장에서 따왔습니다.

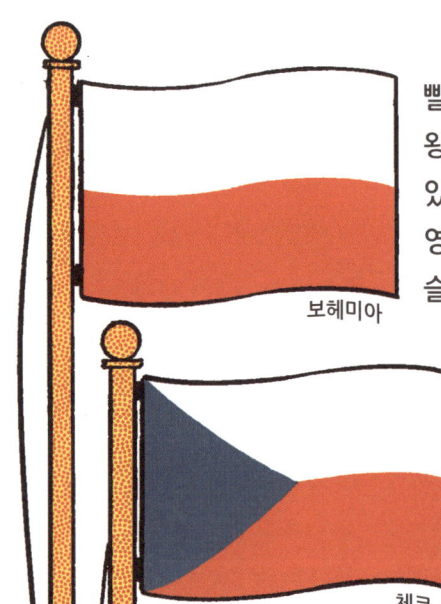
보헤미아

체코

빨간색 위에 흰색으로 구성된 또 하나의 중세 왕조라면 보헤미아(*체코 서부 지역)를 들 수 있습니다. 20세기 초반까지만 해도 보헤미아는 영토를 모라비아(*체코 동부 지역)와 슬로바키아까지 넓혀 체코슬로바키아를 만들었지요. 1920년 다른 민족으로 이루어졌다는 특징을 반영하여 파란색 삼각형을 추가했습니다. 체코는 슬로바키아와 분리된 뒤에도 이 국기를 유지하고 있습니다.

모나코

모나코는 수백 년 동안 그리말디 가문의 지배를 받았습니다. 국기는 흰색과 빨간색 마름모꼴을 한 가문의 문장을 바탕으로 만들었습니다.

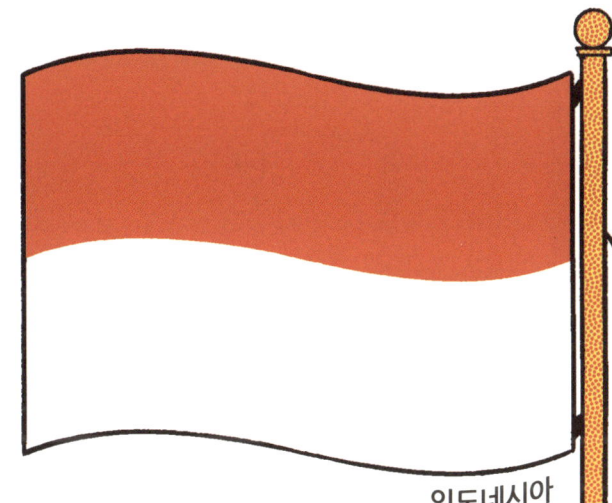

인도네시아

인도네시아 국기와 모나코 국기는 크기만 다릅니다. 인도네시아의 빨간색과 흰색은 고대 오스트로네시아족의 신화에서 유래하지요. 빨간색은 땅을, 흰색은 하늘을 의미합니다. 네덜란드가 지배하던 시절에는 이 국기를 날릴 수 없었습니다. 대전투가 일어나기 전날 밤, 인도네시아의 혁명 세력들은 네덜란드 국기 맨 아래에 있는 파란색을 찢어 버리고 임시로 인도네시아 깃발을 만들었습니다.

그린란드

싱가포르

그린란드의 국기는 폴란드와 모양이 비슷하긴 하지만, 사실 그린란드는 덴마크의 영토이며 색상도 덴마크의 십자에서 따온 것입니다.

싱가포르와 인도네시아는 서로 이웃하고 있기 때문에 국기의 모양도 비슷합니다. 하지만 그 유래는 좀 다릅니다. 원래는 빨간색밖에 없었지만 너무 공산주의처럼 보인다는 의견이 있어 흰색이 더해졌다고 합니다.

카타르

9개 톱니 모양이 있는 흰색 띠

- 기둥 쪽에 -

적갈색 바탕

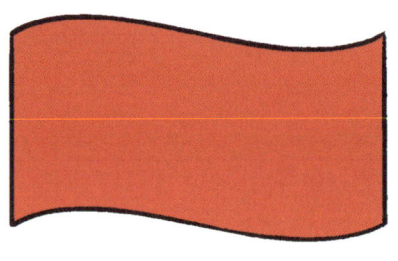

수십 년 동안 아라비아 해안에 위치한 카타르와 다른 나라들은 완전히 빨간 깃발만 날렸습니다. 페르시안 만 일부를 지배했던 이슬람의 카지트 종파에 속해 있다는 뜻이었지요.

자주색은 조개류로 염색을 한 색상으로 고대로부터 카타르에서 주로 사용했던 색상입니다.

9개의 '톱니'는 카타르가 에미리트 연합에서 9번째 일원이라는 것을 의미합니다.

1916년

카타르가 있는 지역은 영국이 강제로 평화조약을 맺기 전까지 오랫동안 전쟁과 약탈에 시달려 왔습니다. 조약의 조항 중에는 깃발에 흰색 경계선이 있어야 한다는 내용도 있었습니다.

카타르의 국기는 유일하게 가로의 길이가 세로보다 딱 두 배 깁니다.

바레인

- 기둥 쪽에 -

빨간색 바탕

다섯 개의 톱니가 있는 흰색 줄

톱니 5개는 이슬람의 기둥 5개를 가리킵니다.

카타르처럼, 바레인 역시 영국이 국기에 흰색을 넣어야 한다는 법령을 넣기 전까지 빨간색만 썼습니다. 원래 국기에는 톱니가 28개 있었어요. 1972년에 8개로 줄이더니 2002년에는 5개로 줄였습니다.

키프로스

- 위에 -   - 그 위에 -

흰색 바탕   올리브 나뭇가지 2개   구릿빛 키프로스 지도

 수십 년 동안 키프로스는 기독교의 그리스와 이슬람의 터키가 서로 자기 땅이라고 우기던 중요한 지역이었습니다.

1960년

키프로스는 독립국이 되어 새로운 국기를 만들기 위해 공모전을 열었습니다. 공모전에서 지켜야 할 규칙은 파란색(그리스의 색상)과 빨간색(터키의 색상)을 쓰면 안 된다는 것, 그리고 십자나 초승달 모양도 들어갈 수 없었습니다. 이 공모에서 우승한 사람은 학교 선생님이었던 이스멧 구니였다고 합니다.

여기 구릿빛 윤곽은 키프로스의 풍부한 구리 자원을 나타냅니다. 그리고 올리브 나뭇가지로 키프로스에 사는 그리스와 터키계 사람들의 평화를 표현했지요.

키프로스의 갈등을 풀기 위한 해결 방안으로 그리스의 파란색과 터키의 붉은색이 든 새로운 국기를 만들자는 제안이 있었습니다.
하지만 그 계획은 보류되었고 국기도 그대로 쓰기로 했습니다.

 1974년 터키는 키프로스를 공격하여 독립국을 세웠습니다. 북키프로스의 터키 공화국은 자체 국기도 만들었습니다.

코소보

 -위에-  -그 위에-

파란 바탕   금빛 코소보 지도   여섯 개의 흰 별

 코소보는 세르비아와 알바니아가 영토를 두고 다투던 지역이었습니다. 1998년에서 1999년까지 코소보인들은 분리 독립을 위해 유고슬라비아 군대에 맞서 치열한 전투를 벌였습니다.

마침내 1999년, UN이 나서서 전쟁을 중단시켰습니다.

2008년

새로운 깃발을 만들기 위해 공모전이 열렸을 때, 검정색과 더불어 알바니아나 세르비아를 떠올리게 하는 빨간색, 흰색과 파란색이 들어간 삼색기를 쓰지 못하게 했습니다. 세르비아와 알바니아 국기에 있는 머리가 두 개 달린 독수리도 들어가지 못했습니다.

6개의 별은 코소보의 여섯 민족을 의미하며 UN기를 참고하기도 했습니다.

모리셔스

별칭 : 4색기

빨간색   파란색   노란색   그리고 초록색이

같은 두께로 가로 줄무늬를 이룹니다

1923년
영국 식민지 시절, 모리셔스는 모리셔스의 전통 문장을 새긴 깃발을 날렸습니다. 문장에는 수사슴과 도도새가 그려져 있었는데, 이 중 도도새는 지금은 멸종된 섬의 토종 새입니다.

빨간색은 독립을 위해 투쟁한 것을 나타냅니다.

파란색은 대서양을 가리킵니다.

노란색은 '섬 너머 빛나는 자유의 빛'입니다.

초록색은 무성하게 우거진 아열대 풍경을 의미합니다.

1968년
모리셔스는 독립을 얻어 낸 뒤, 지금의 국기를 채택했습니다. 단순히 네 가지 색 띠로만 이루어진 모양입니다.

가이아나

별칭 : 황금 화살

초록색 바탕

- 위에 -

흰 테두리가 있는 노란색 꽉 찬 삼각형

- 그 위에 -

검은 테두리가 있는 빨간 삼각형

초록색은 농업과 숲을 가리킵니다.

빨간색은 열정과 패기를, 검정색은 인내를 표현합니다.

노란색은 풍부한 광물 자원을 의미합니다.

흰색은 물을 나타냅니다.

1966년

가이아나(이전에는 영국령 가이아나라 불림)는 독립 이후 이 깃발을 사용하기로 했습니다. 모양은 미국의 기학 학자인 휘트니 스미스가 만들었습니다. 스미스가 처음 만들었을 때에는 (오른쪽 그림) 색깔 배열도 달랐고 테두리도 없었습니다. 이 모양을 공식으로 채택하기 전 영국의 계보문장원(*귀족들의 혈통을 인증해주는 기관)에서 지금과 같은 모양을 만들자고 제안했답니다.

태양과 원이 그려진 국기

태양이라고 하면 무엇이 떠오르나요? 열? 빛? 힘? 알다시피 태양이 없으면 생명은 살 수 없습니다. 그래서 태양은 세계 어느 나라에서나 중요한 상징이며, 희망과 화합, 진보, 풍요로움을 의미합니다.

-

국기에 태양의 상징이 들어간 나라는 독립이나 자주통치권을 얻어 내었다는 이야기가 있습니다.
이들에게 태양이란 새로운 시대의 새벽빛이나 마찬가지이지요.

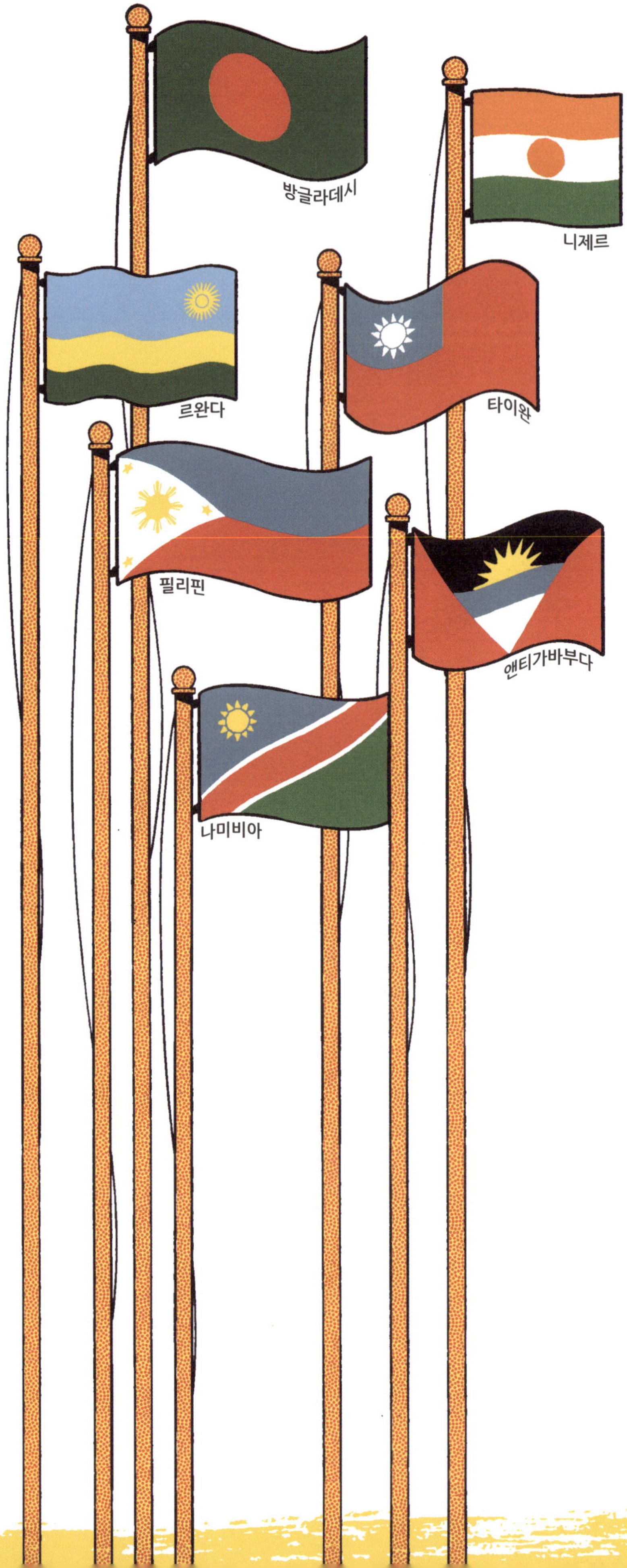

방글라데시
니제르
르완다
타이완
필리핀
앤티가바부다
나미비아

원은 태양으로 볼 수도 있지만, 팔라우와 라오스처럼 평화롭고 통일화된 보름달을 말하기도 합니다.

팔라우

벨리즈의 국기는 하얀 원 안에 국장이 들어 있는 모양을 하고 있습니다. 역사적으로 벌목 산업이 발달했다는 것을 묘사합니다.

아르헨티나

라오스

우루과이

벨리즈

초원수리 새가 카자흐스탄 태양 아래를 날고 있습니다.

아르헨티나와 우루과이의 국기는 '솔드마요', 다시 말해 5월의 태양이란 의미를 두고 있습니다. 스페인의 지배에서 벗어나 독립을 이루었다는 것을 상징하지요.

카자흐스탄

인도

주황색과 흰색, 초록색 가로 줄무늬 가운데에 파란색 바퀴

1863-1947년
인도는 1700년대 중반부터 영국의 지배를 받았습니다. 빅토리아 여왕이 '인도의 여제'라 선포하며 1860년대까지 인도를 다스렸기 때문에 '영국령 인도 제국'으로 불렸습니다.

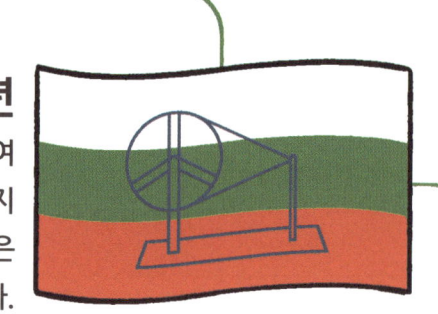

1921년
'전인도 국민회의 위원회'의 의장이었던 간디는 독립을 쟁취하여 자유를 되찾겠다는 포부를 담아 깃발을 만들었습니다. 세 가지 색상은 인도의 민족을 나타냅니다. 빨간색은 힌두교도, 초록색은 이슬람교도, 그리고 다른 나머지 민족은 흰색으로 표현했습니다. 물레바퀴는 조국을 향한 열망을 상징하는 것으로, 인도 국민들이 의류 제조업으로 자립하기를 바랐습니다.

1923년
가운데 띠에 흰색을 넣어 물레바퀴가 좀 더 잘 보이도록 만들었습니다. 간디는 첫 번째 깃발에 종교적인 상징을 빼고 싶어 했으며, 이 때문에 빨간색은 샤프론(*향신료로 쓰이는 꽃가루) 색상으로 바뀌었습니다. 샤프론 색은 용기와 희생을 표현하며, 흰색은 평화를, 초록색은 믿음을 나타냅니다.

1947년

인도가 마침내 독립을 이루어 국기도 다시 한 번 바뀝니다. 주황색은 욕심내지 않겠다는 의지를 표현합니다. 흰색은 진실로 가는 길을 나타내며, 초록색은 땅과 관련된 색상입니다.

> 인도의 국기는 반드시 손으로 물레를 돌린 면이나 '카다르'라고 하는 비단으로만 만들어야 합니다. 다른 직물로 국기를 만들면 벌을 받게 되어 무려 3년이나 감옥에 갇히게 되는 수가 있어요!

물레는 '아쇼카 차크라', 즉 돌고 도는 인생과 다르마(우주의 법)를 의미하는 불교 상징으로 바뀌었습니다. 이 물레의 기원은 3세기까지 거슬러 올라가는데, 아쇼카 황제가 인도를 완전히 통일하고자 하는 데에서 비롯되었습니다.

이 상징물은 다르마와 통일, 진보, 움직임, 그리고 간디의 물레를 표현합니다.

마케도니아

빨간색 바탕   - 위에 -   여덟 개 광선이 있는 노란 태양

1946년
마케도니아가 유고슬라비아 아래로 들어갔을 때의 국기는 왼쪽 위에 금빛 별이 그려진 단순하고 빨간 모양이었습니다.

1992년
새롭게 독립을 얻어낸 후, 오각형이었던 별을 없애고 여기에 좀 더 길고 중앙을 강조한 '베르기나 태양'을 그려 넣었습니다.

베르기나 태양이란

베르기나 태양은 알렉산더 대왕과 아버지인 마케도니아 필리포스 왕의 상징입니다. 이 상징물은 1977년 그리스의 고고 유적지에 있던 필립2세의 유물함에서 처음 발견되었습니다.

-

그리스인들은 마케도니아가 국기에 베르기나 태양 무늬를 담은 것을 보고 몹시 화를 냈습니다. 자신들이야말로 전통적 후손이라고 여겼거든요. 이 때문에 그리스인들은 마케도니아를 경제적으로 틀어막아 버리고 UN에 마케도니아의 국기가 휘날리지 못하도록 막으려 했답니다.

1995년
그리스의 화도 달래 주고 외교적 관계도 좀 더 쉽게 풀어 나가기 위해, 마케도니아는 깃발을 바꾸기로 합니다. 새로운 디자인 역시 베르기나 태양에 바탕을 두고 있지만 평화를 지키기에는 충분하지요!

키르기스스탄

빨간색 바탕

-위에-

노란 태양

-그 위에-

빨간 곡선 세 줄 두 쌍이
엇갈려 겹친 모양

1992년
키르기스스탄은 소련으로부터
독립한 이후에도 빨간 깃발을
계속 쓰기로 결정합니다.
하지만 그렇다고 해서 공산주의와
관련이 있지는 않습니다.
그보다 다른 이야기가 있지요.

빨간색은 사실 키르기스스탄의 전설적
영웅이었던 마나스를 상징합니다.
가운데 노란 상징은 유르트, 그러니까
키르기스스탄의 유목민이 사용하는 텐트의
지붕 모습이지요. 이 상징물 뒤에는 40개
광선이 있는 태양이 있는데 마나스의 지배
아래 있던 40개 민족을 의미합니다. 이
상징물들은 모두 키르기스스탄의 전통과
역사를 담고 있으며, 이와 더불어 국민들의
단결력과 안보 의식을 상징합니다.

대한민국

별칭 : 태극기

하얀 바탕

- 위에 -

빨갛고 파란 태극

- 그 주위에 -

4괘

조선 왕조 500년 동안에는 공식 국기가 없었으나 위와 같은 모양이 표준으로 올라갔습니다. 태극기의 무늬는 도가 사상을 표현하고 있으며, 이는 우주만물의 조화를 뜻합니다.

1883년
나라 밖에서 벌어지는 외교적 압박과 독립 국가로서 지위를 지켜야 한다는 생각 때문에, 조선도 국기를 지정하기로 결정합니다. 처음에 만들어진 국기는 청나라의 영향을 받았으나, 이내 우리나라만의 독특한 모양으로 변하게 됩니다.

이 모양이 채택된 후에, 몇 번 조금씩 바뀌긴 하였으나 대체로 같은 모양을 유지하고 있습니다.

흰색은 순수함을 상징합니다. 또한 '백의민족'답게 우리나라 전통 의상의 색깔이기도 하지요.

가운데 음양 무늬는 '태극'이라 부릅니다. 부정과 긍정, 선과 악, 남성과 여성 등 온 우주의 균형을 표현하지요.

태극 주변에는 3줄로 된 검은 막대 4개가 둘러싸고 있습니다. 이를 '괘'라고 부르는데 각각의 괘는 음과 양이 변화하는 모습을 구체적으로 나타낸 것입니다.

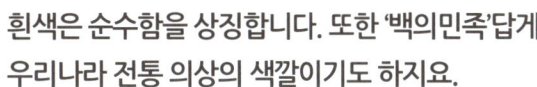

건(하늘) / 정의　　감(물) / 지혜　　이(불) / 풍요　　곤(땅) / 활력

일본

별칭 : 히노마루

하얀 바탕

- 위에 -

빨간 원

일본 국기의 공식 이름은 태양 표시가 있는 깃발이라는 뜻의 '니쇼키'이지만, 국민들은 대부분 히노마루, 동그란 태양이란 의미로 부릅니다. 무려 1,000년이나 쓰여 온 무늬이지요. 문서로 남아 있는 기록을 보면 1184년부터 태양 무늬를 썼다고 알려져 있으나, 1세기 먼저 썼다는 말도 있습니다. 공식으로 쓰이기 시작한 것은 1870년 일본 제국이 사용하면서부터입니다.

빨간 원은 태양을 의미합니다.

하얀 바탕은 순수함을 뜻합니다.

일왕은 태양의 여신인 아마테라스의 후손이라고 합니다. 또한 태양은 일본의 종교와 신화에서 항상 중심에 있었습니다.

많은 이들이 일본의 국기를 침공의 상징으로 봅니다. 20세기 초 일본의 침략으로 많은 고통을 받았던 중국과 우리나라에는 더욱 그러합니다. '욱일승천기'라 불리는 깃발은 제국주의 시절 일본 해군이 주로 휘날렸는데, 이 깃발이 특히 공격적으로 쓰였습니다.

이렇게 논란이 많은데도 불구하고, 욱일승천기는 여전히 일본인들 사이에서 행운의 상징으로 여겨지고 있으며 상품이나 광고에서도 흔히 볼 수 있습니다. 그리고 일본 해상 자위대에서도 여전히 쓰이고 있습니다.

빨간색, 흰색, 파란색이 들어간 국기

깃발에서 가장 흔한 색상 조합을 말하자면 빨간색과 흰색, 파란색을 들 수 있습니다. 이 세 가지 색상이 들어간 깃발을 찾아볼까요?

파라과이

룩셈부르크

룩셈부르크의 국기는 네덜란드의 국기와 매우 비슷하게 생겼지만, 사실 국가의 문장에서 따온 거랍니다. 예전에는 파랗고 하얀 줄무늬 바탕에 빨간 사자가 그려진 모양이었지요. 그러다가 지금의 모습으로 바뀌었습니다. 파란색도 네덜란드의 국기에 있는 색보다 더 밝습니다.

캄보디아

라이베리아

캄보디아의 국기 가운데에는 유명한 유적지인 앙코르와트가 그려져 있습니다.

1822년부터 라이베리아는 노예 제도에서 풀려난 미국계 흑인과 캐리비안 해적들의 지배를 받았습니다. 그래서 라이베리아의 국기도 미국의 영향을 많이 받았답니다.

네덜란드

범슬라브 색상

네덜란드 국기의 기원은 16세기로 거슬러 올라갑니다. 오렌지 왕가의 왕자였던 윌리엄 1세가 주황색과 흰색, 파란색으로 구성된 현수막을 내걸면서부터이지요. 세월이 흘러 주황색은 빨간색으로 바뀌었습니다. 1697년, 러시아 제국을 지배했던 표트르 황제가 유럽을 방문하다 조선술(*배를 만드는 기술)을 배우게 됩니다. 러시아로 돌아온 표트르 황제는 네덜란드의 배 위에 휘날리던 네덜란드 국기에 영향을 받아 흰색, 파란색, 빨간색으로 구성된 러시아 국기를 만들기에 이릅니다.

-

1848년 프라하에서 열린 범슬라브 연합회의에서 흰색, 파란색, 빨간색이 범 슬라브 공식 색상으로 지정됩니다. 이렇게 해서 남부와 동부 유럽에 있는 슬라브 국가에서는 이 색상이 전통으로 내려오게 되었습니다.

러시아

슬로바키아

슬로베니아

세르비아

크로아티아

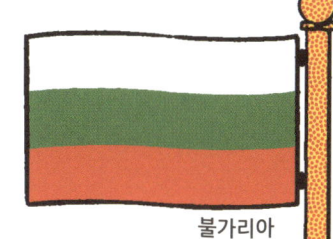
불가리아

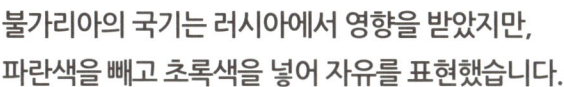
불가리아의 국기는 러시아에서 영향을 받았지만, 파란색을 빼고 초록색을 넣어 자유를 표현했습니다.

파라과이

빨간색, 흰색, 파란색

- 앞면에는 -
국가의 문장

- 뒷면에는 -
재무부 인장

파라과이의 문장은 당시 파라과이를 독재했던 호세 가스파르 로드리게스 데 프란시아(1814~1840년)가 도입하였습니다. 나폴레옹을 무척 존경한 나머지 국기를 만들 때에도 프랑스의 삼색 깃발을 참고했다고 하네요.

프란시아가 만든 국기의 가장 독특한 점을 꼽으라면 앞면과 뒷면의 모양이 다르다는 것입니다.

앞면에는 국가의 문장이 그려져 있습니다. 올리브 나뭇가지에 둘러싸인 노란별은 평화를 상징하며, 야자 나뭇가지는 명예를 나타냅니다.

뒷면에는 재무부 인장이 있습니다. 긴 장대 위에 '프리지아 모자'가 꽂혀 있고 그 옆을 사자가 지키고 있는 모양이지요. 프리지아 모자는 원래 자유로 풀려난 로마 노예의 모자였는데, 프랑스 혁명에서는 자유의 상징으로 쓰였습니다. 'PAZ Y JUSTICIA'는 평화와 정의란 뜻입니다.

태국

 빨간 바탕 -위에-
 하얀 띠 -그 위에-
 파란 띠

1883년
17세기부터 19세기에 이르기까지 태국의 국기는 단순한 빨간색이었습니다. 그러다 다른 국기와 달리 보이기 위해, 행운의 상징인 흰 코끼리를 가운데에 그려 넣었지요.

빨간색은 독립을 얻어내기 위해 피 흘리며 싸우던 때를 의미합니다.

흰색은 순수함과 불교를 뜻하지요.

파란색은 태국 왕조를 가리킵니다.

1917년
20세기 초 태국은 서양과 가까운 관계를 맺었습니다. 왕은 국기의 모양을 좀 더 세련되게 바꾸었지요. 한편으로 빨간색과 흰색, 파란색은 태국이 미국, 영국, 프랑스와 돈독한 관계를 맺었다는 것을 보여 줍니다.

러시아

빨간색 -그리고- 파란색 흰색이 가로 줄무늬를 이룹니다

1697년
표트르 대제가 네덜란드의 국기에서 따와 세 줄로 된 국기를 만들었습니다.

1917년
마르크스주의자였던 볼셰비키(*러시아 사회민주 노동당)가 러시아 제국을 무너뜨리고, 소련의 시대가 시작됩니다. 프랑스 혁명에서 사용되었던 빨간 깃발에 영향을 받아 빨간색 현수막을 내걸어 인민의 봉기를 내세웠습니다.
망치와 낫은 노동자와 농민을 의미합니다.
별은 공산당의 상징입니다.

소비에트 연방(1922~1991년)

소련은 영토를 넓혀 소비에트 연방을 만들었습니다. 이와 더불어 소련은 '동구권'에 많은 영향력을 행사하여 동부 유럽의 공산주의 나라와 동맹을 맺기도 했습니다. 여기 몇몇 나라의 국기들은 모두 그 당시 소련이 얼마나 강력했는지를 보여 줍니다.

동구권 나라의 국기에 공산주의 별이 그려져 있습니다.

헝가리 인민 공화국 (1949~1957)

불가리아 인민 공화국 (1946~1990)

루마니아 사회주의 공화국 (1947~1989)

유고슬라비아 사회주의 연방 공화국 (1945~1992)

알바니아 사회주의 인민 공화국 (1946~1992)

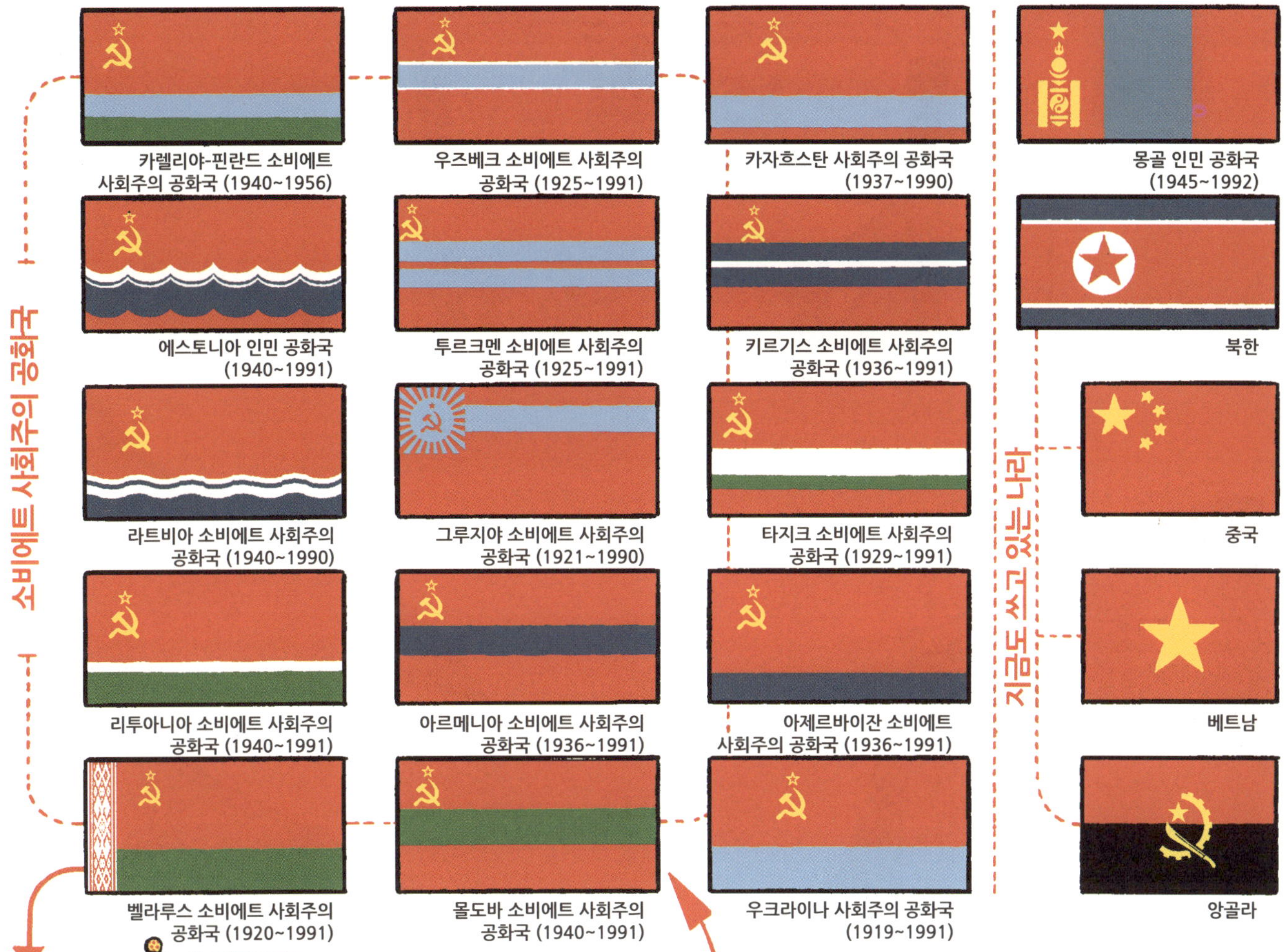

소비에트 사회주의 공화국

- 카렐리야-핀란드 소비에트 사회주의 공화국 (1940~1956)
- 우즈베크 소비에트 사회주의 공화국 (1925~1991)
- 카자흐스탄 사회주의 공화국 (1937~1990)
- 에스토니아 인민 공화국 (1940~1991)
- 투르크멘 소비에트 사회주의 공화국 (1925~1991)
- 키르기스 소비에트 사회주의 공화국 (1936~1991)
- 라트비아 소비에트 사회주의 공화국 (1940~1990)
- 그루지야 소비에트 사회주의 공화국 (1921~1990)
- 타지크 소비에트 사회주의 공화국 (1929~1991)
- 리투아니아 소비에트 사회주의 공화국 (1940~1991)
- 아르메니아 소비에트 사회주의 공화국 (1936~1991)
- 아제르바이잔 소비에트 사회주의 공화국 (1936~1991)
- 벨라루스 소비에트 사회주의 공화국 (1920~1991)
- 몰도바 소비에트 사회주의 공화국 (1940~1991)
- 우크라이나 사회주의 공화국 (1919~1991)

지금도 쓰고 있는 나라

- 몽골 인민 공화국 (1945~1992)
- 북한
- 중국
- 베트남
- 앙골라

소비에트 사회주의 국가들의 깃발을 보면 이 나라들이 소비에트 연방을 조국보다도 훨씬 더 중시했다는 것을 알 수 있습니다.

벨라루스

벨라루스는 소비에트 연방에서 독립한 후에도 국기를 많이 바꾸지는 않았습니다.

1991년

소비에트 연방이 해체되고 국기는 원래 제국 시절 쓰였던 삼색 국기로 돌아갔습니다.

네팔

파란색 테두리에 다섯 개 변으로 이루어진 바탕

-위에-

하얀 달과 태양

남아시아를 지배하던 가문은 삼각형으로 된 우승기를 국경에 날리곤 했습니다. 색상은 밝은 색이었으며, 나라에 대한 충성이나 종교적 색채를 띠는 모양을 그려 넣었습니다.

1700년대

프리트비 나라얀 왕이 네팔을 통일했을 때, 두 개의 빨간 우승기를 위 아래로 걸었습니다. 태양과 달은 네팔을 지배했던 가문의 상징과 연관이 있습니다.

1800년대

라나 가문(1846~1951년)이 지배하는 동안 두 개의 우승기는 지금의 모습처럼 붙어 있는 방식으로 바뀝니다. 달과 태양에는 얼굴 모양이 그려져 있습니다.

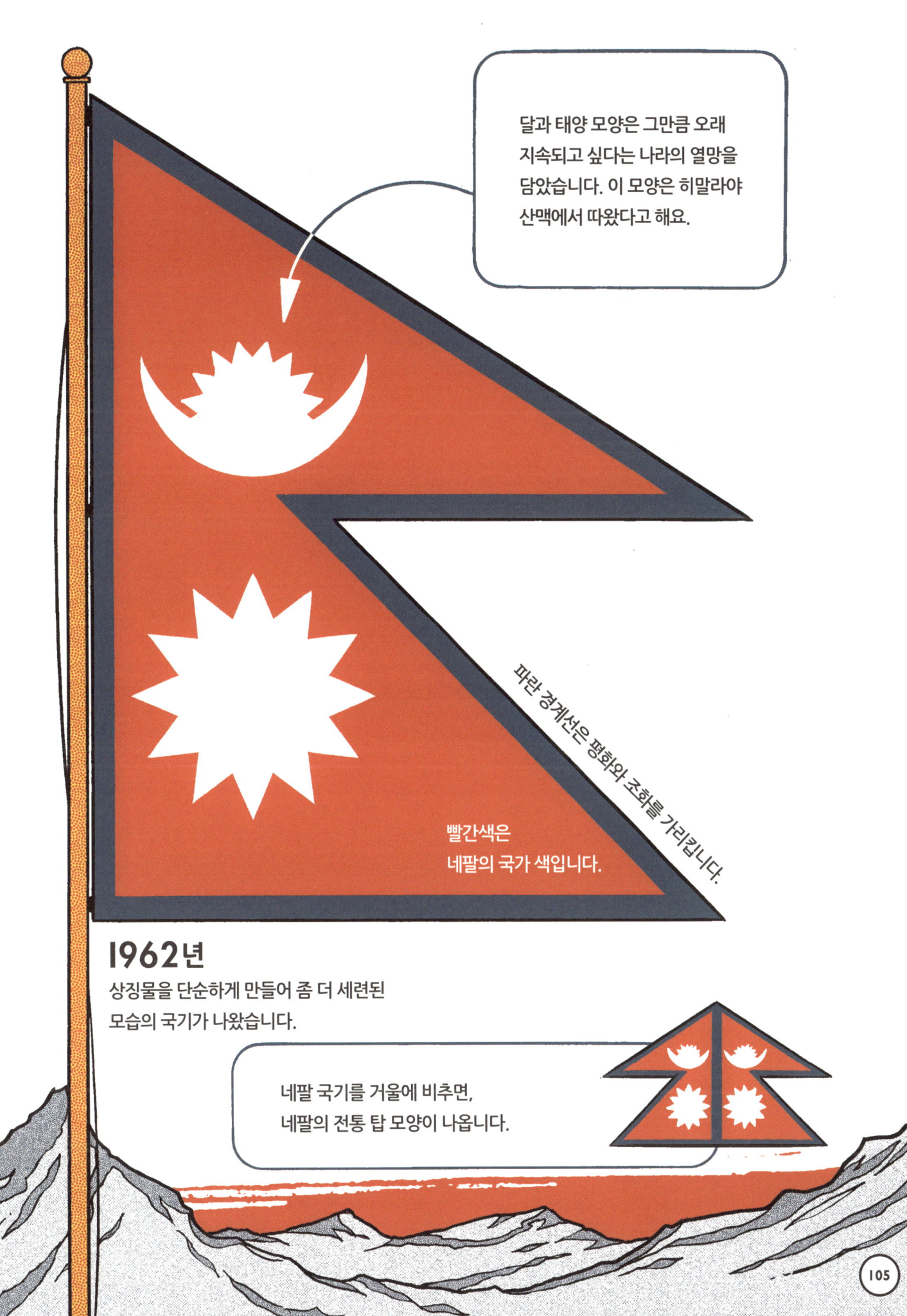

달과 태양 모양은 그만큼 오래 지속되고 싶다는 나라의 열망을 담았습니다. 이 모양은 히말라야 산맥에서 따왔다고 해요.

파란 경계선은 평화와 조화를 가리킵니다.

빨간색은 네팔의 국가 색입니다.

1962년
상징물을 단순하게 만들어 좀 더 세련된 모습의 국기가 나왔습니다.

네팔 국기를 거울에 비추면, 네팔의 전통 탑 모양이 나옵니다.

중앙아메리카

- 멕시코 만
- 바하마
- 쿠바
- 터크스 케이커스 제도 (영국)
- 케이맨 제도 (영국)
- 자메이카
- 아이티
- 도미니카 공화국
- 벨리즈
- 과테말라
- 온두라스
- 엘살바도르
- 니카라과
- 카리브 해
- 아루바·퀴라소섬 (네덜란드)
- 코스타리카
- 파나마

카리브 해 지역

- 버진 아일랜드 (영국)
- 생마르탱섬 (프랑스)
- 세인트마틴 (네덜란드)
- 푸에르토리코 (미국)
- 생바르텔레미 (프랑스)
- 버진 아일랜드 (미국)
- 세인트키츠 네비스
- 앤티가바부다
- 몬트세라트섬 (영국)
- 과들루프 (프랑스)
- 도미니카연방
- 마르티니크 (프랑스)
- 세인트루시아섬
- 바베이도스
- 세인트빈센트 그레나딘
- 그레나다
- 트리니다드 토바고

109

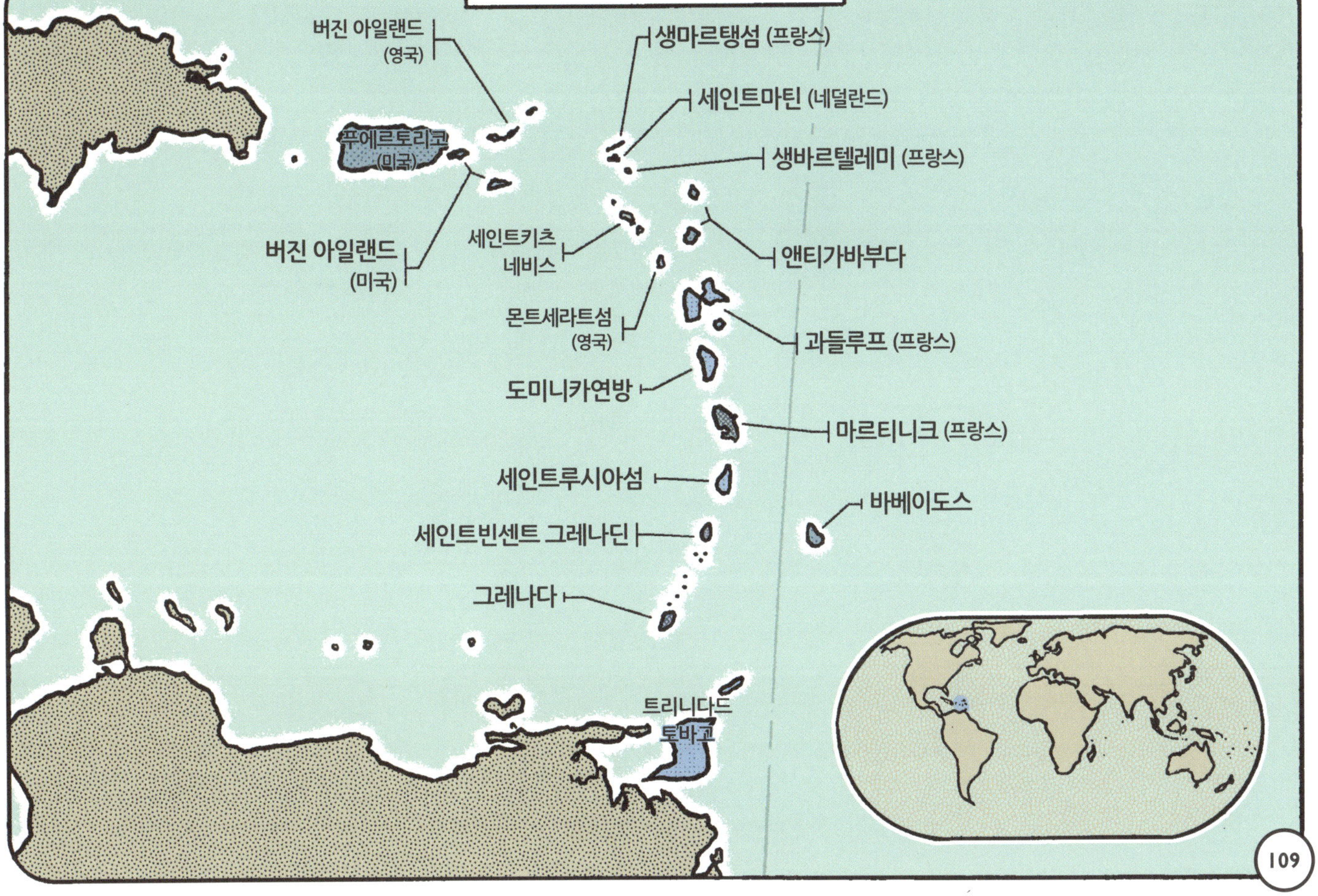

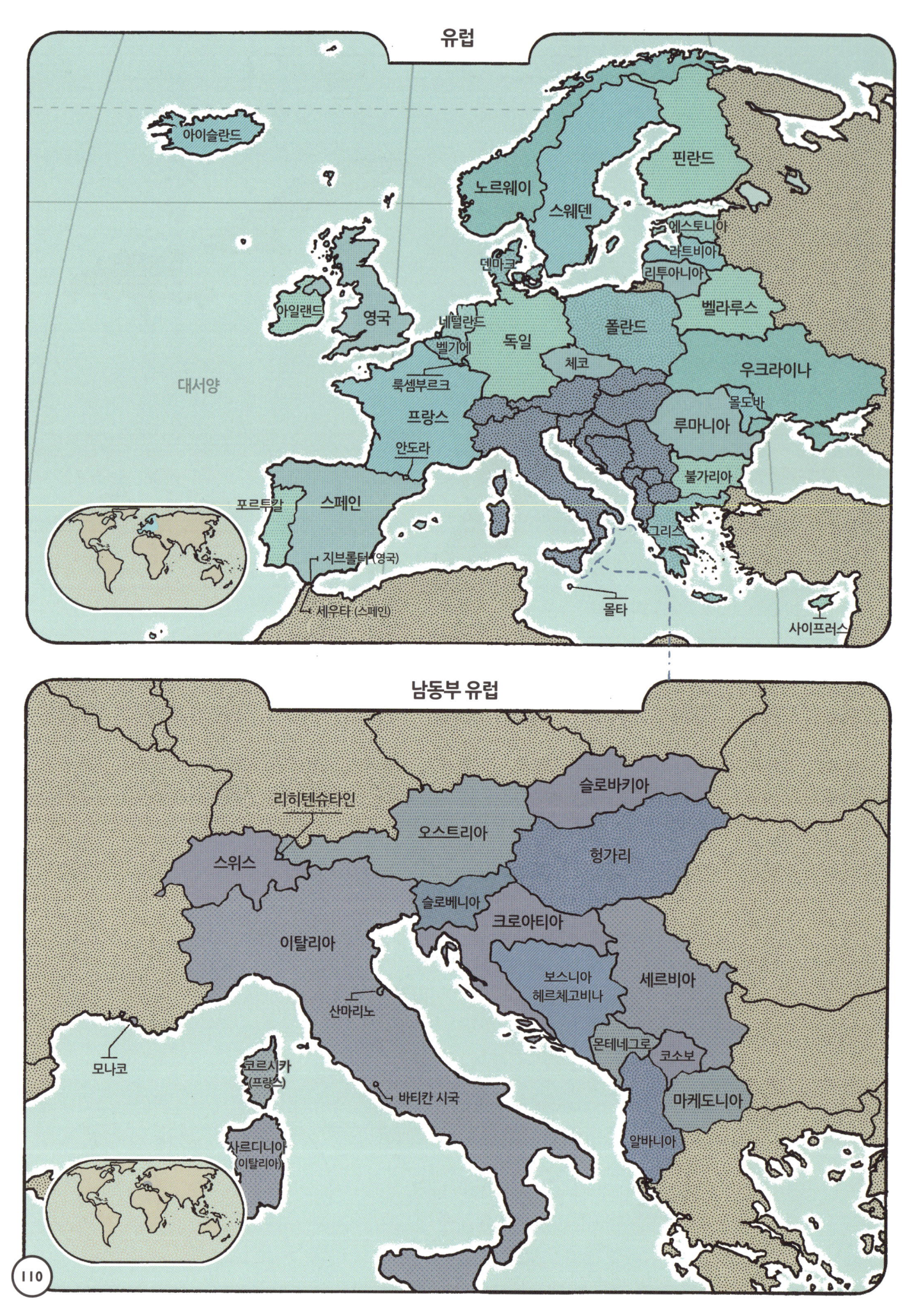

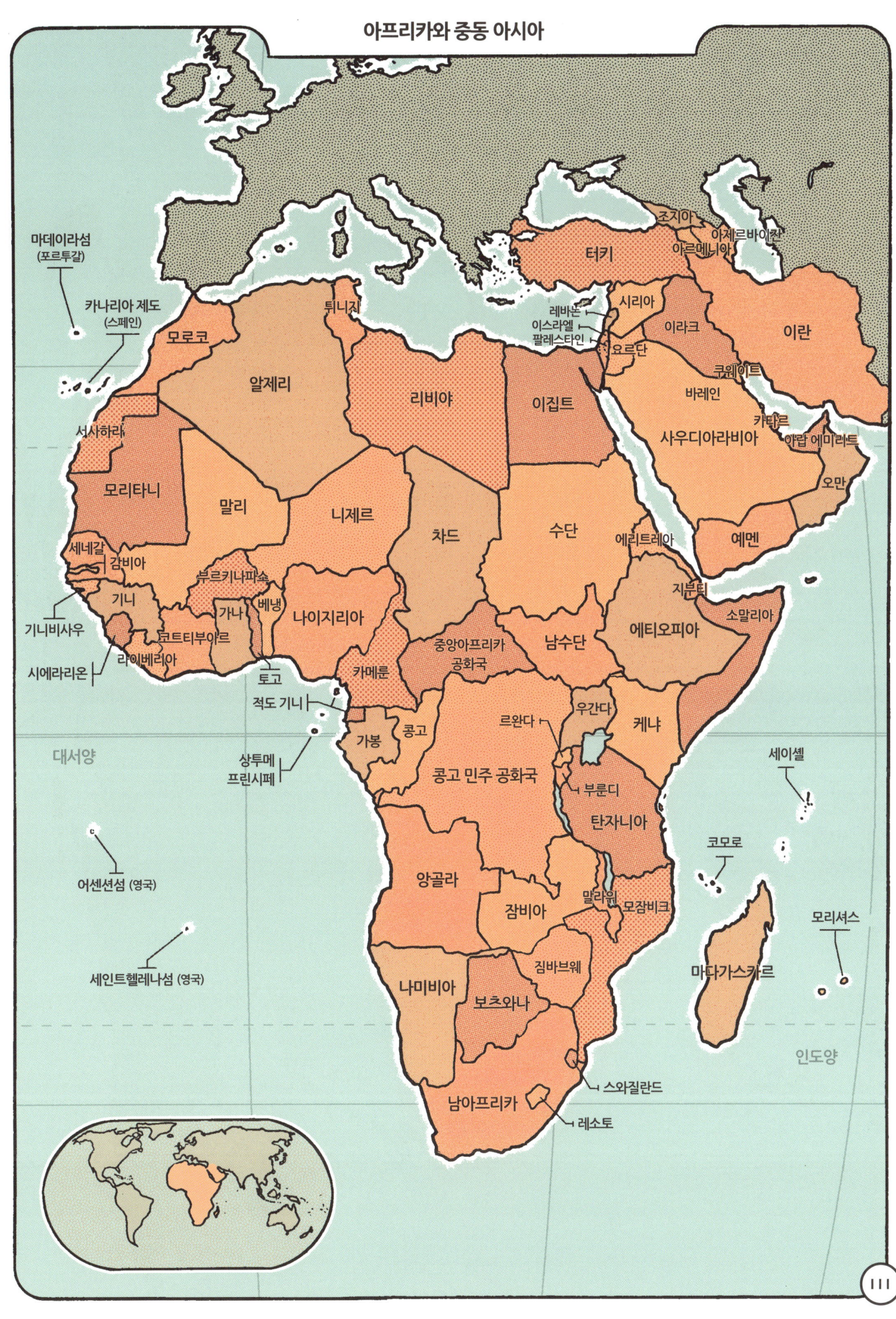

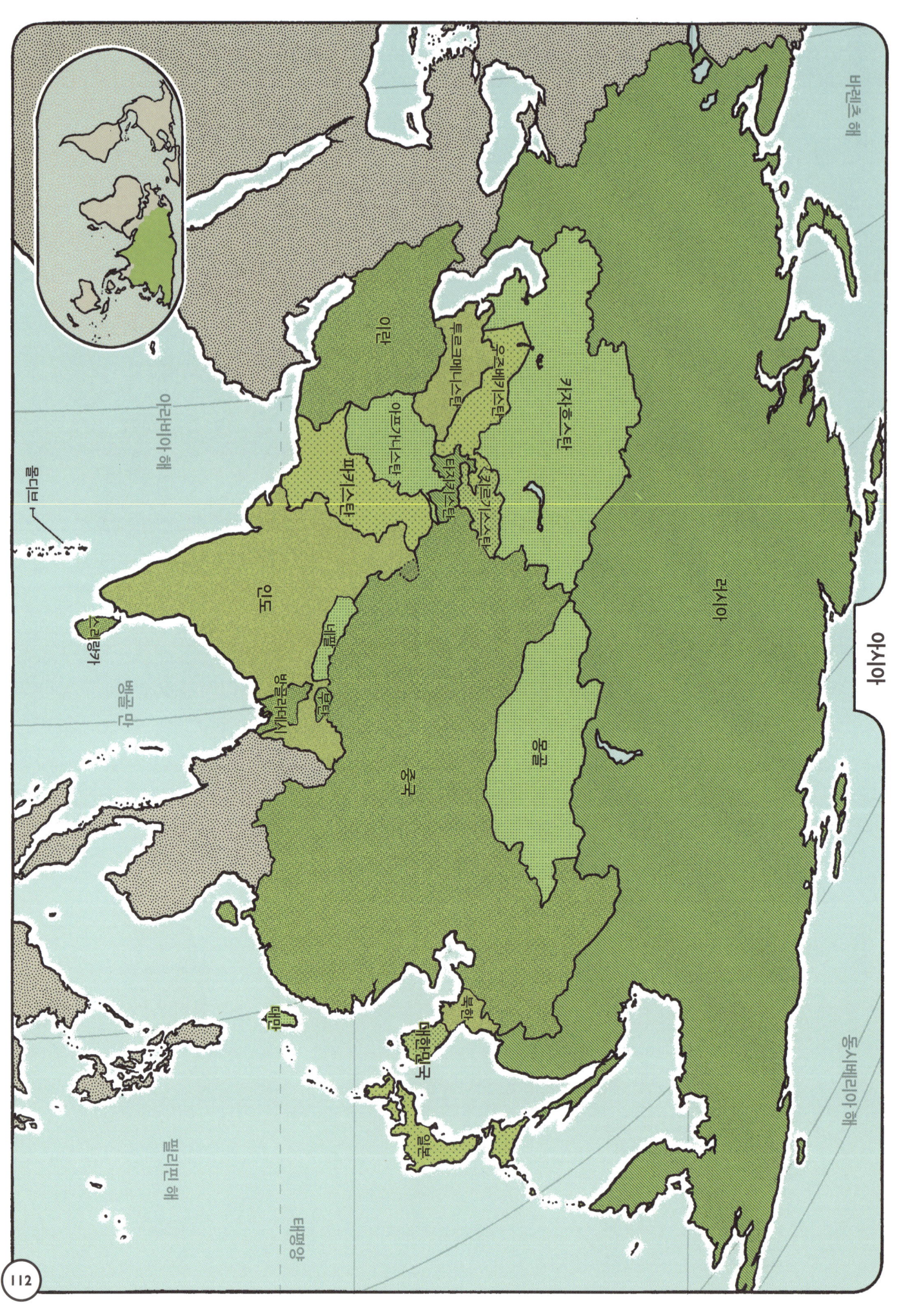

동남아시아

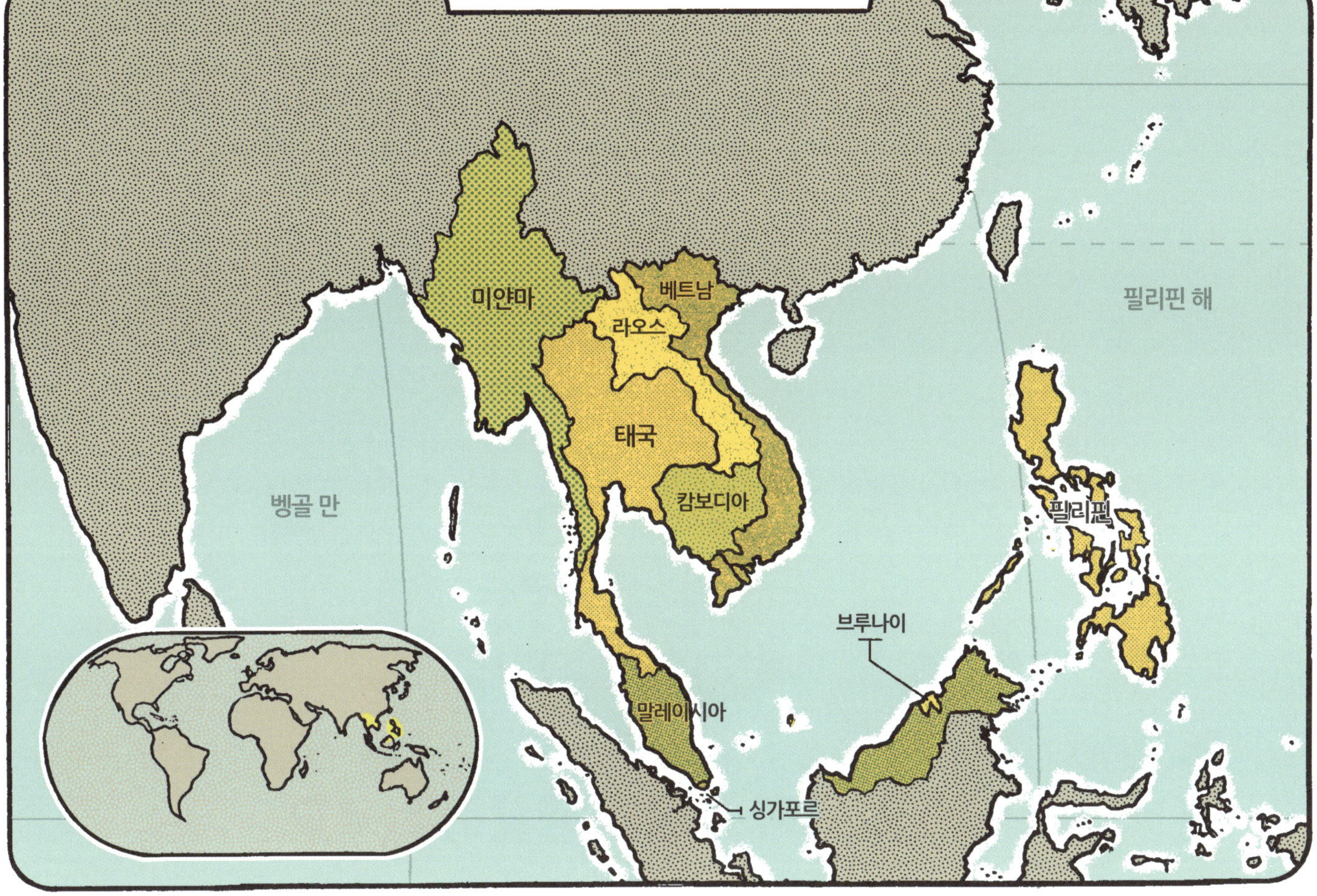

- 미얀마
- 베트남
- 라오스
- 태국
- 캄보디아
- 필리핀
- 브루나이
- 말레이시아
- 싱가포르
- 벵골 만
- 필리핀 해

오세아니아

- 팔라우
- 마샬 군도
- 미크로네시아
- 키리바시
- 인도네시아
- 나우루
- 투발루
- 파푸아뉴기니
- 동티모르
- 사모아
- 솔로몬 제도
- 피지
- 바누아투
- 통가
- 호주
- 뉴질랜드
- 인도양
- 태즈먼 해
- 남태평양

나만의 국기 카드를 만들어 보세요.

국기를 보고 예쁘게 색칠해 보세요.
점선을 따라 자르면 멋진 국기 카드가 됩니다.

나만의 국기 카드로 친구들과 국기 맞히기 놀이를 할 수 있어요.
나라 정보는 물론 세계 지리도 익힐 수 있답니다.

캐나다
수도 : 오타와
위치 : 북아메리카

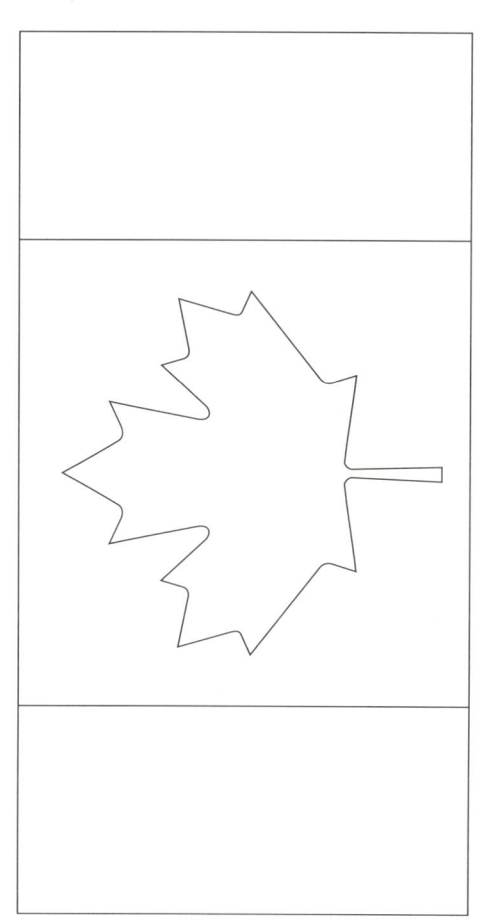

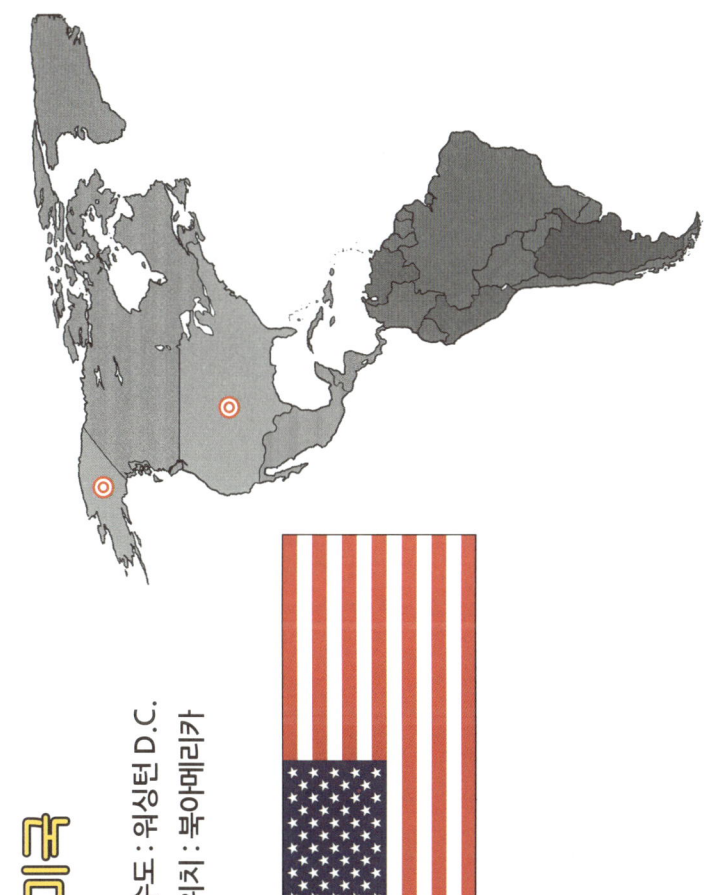

미국
수도 : 워싱턴 D.C.
위치 : 북아메리카

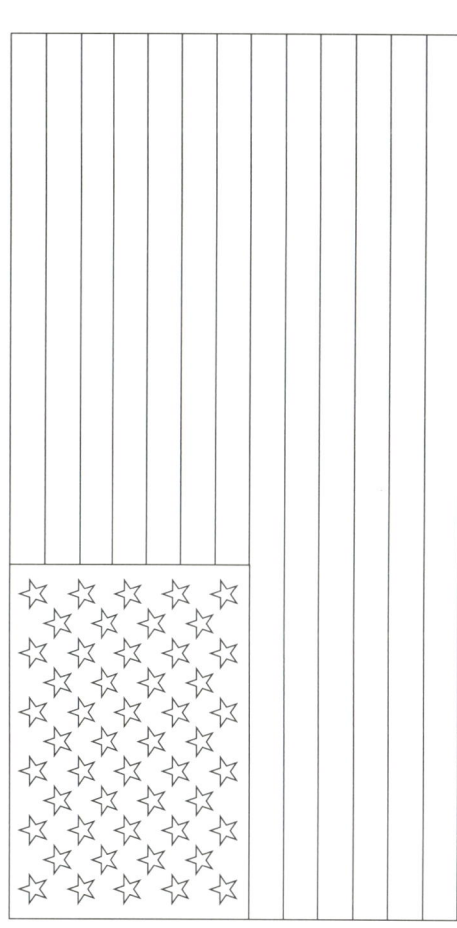

과테말라

수도 : 과테말라시티
위치 : 북아메리카

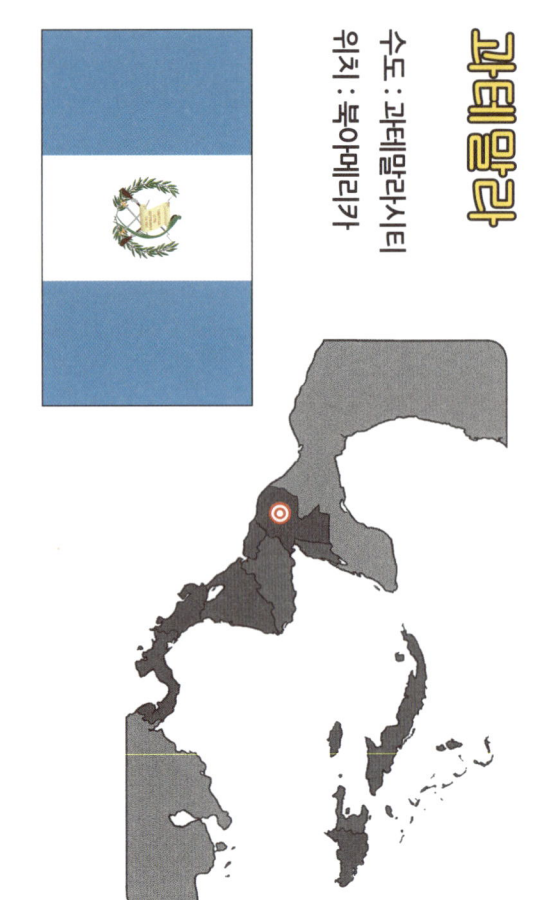

멕시코

수도 : 멕시코시티
위치 : 북아메리카

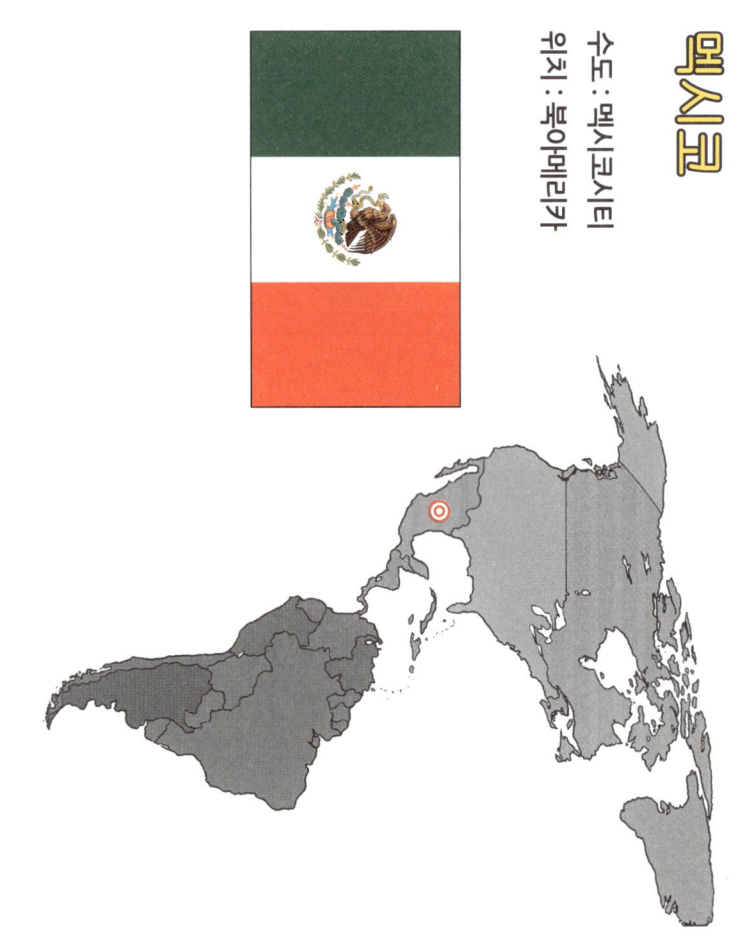

온두라스
수도 : 테구시갈파
위치 : 북아메리카

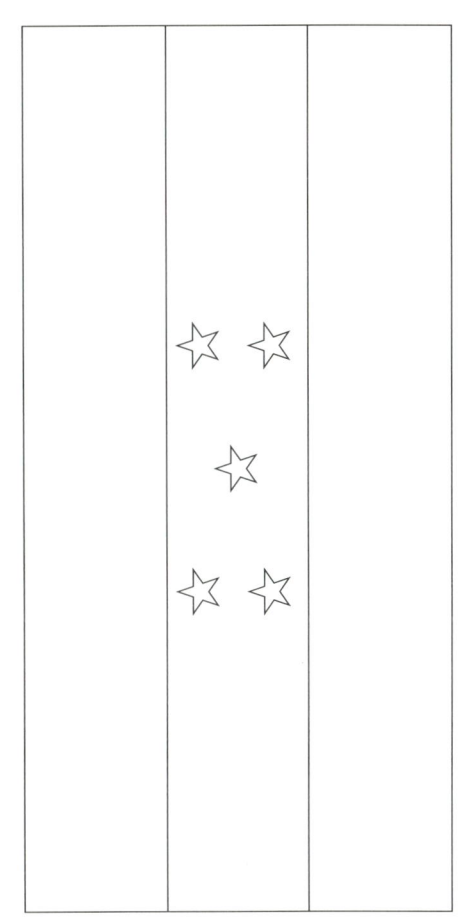

쿠바
수도 : 아바나
위치 : 북아메리카

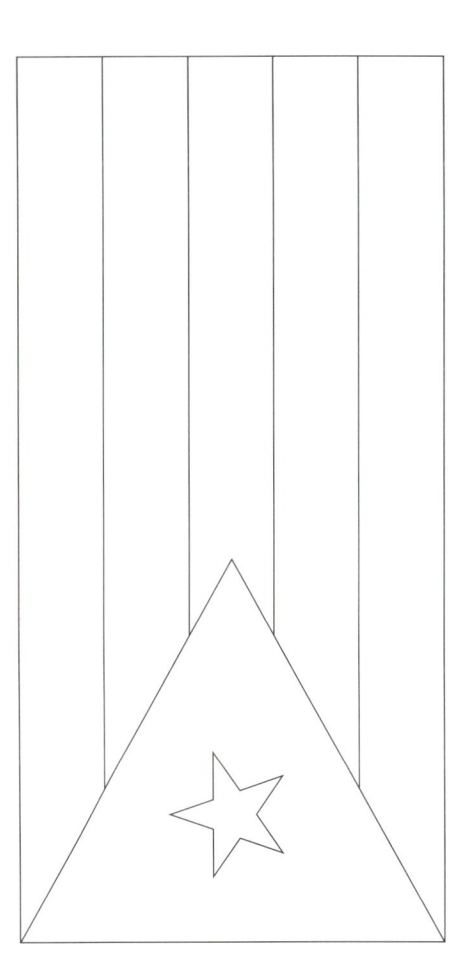

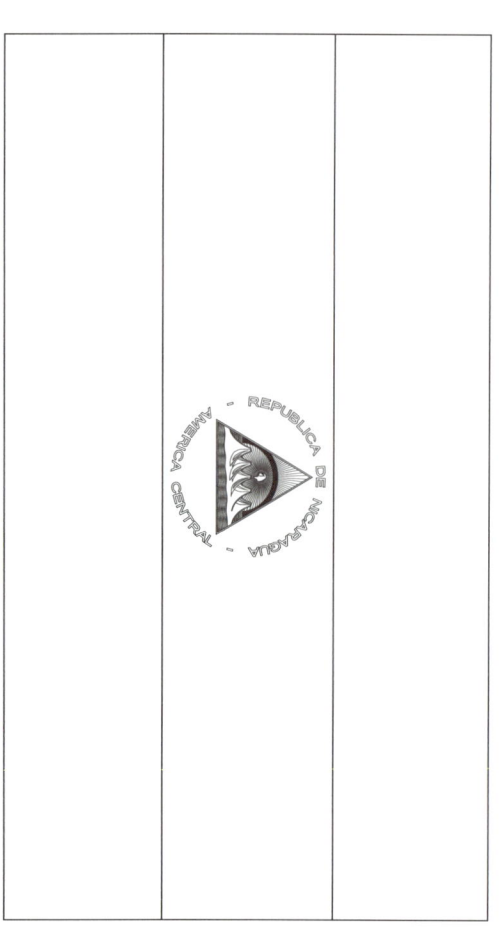

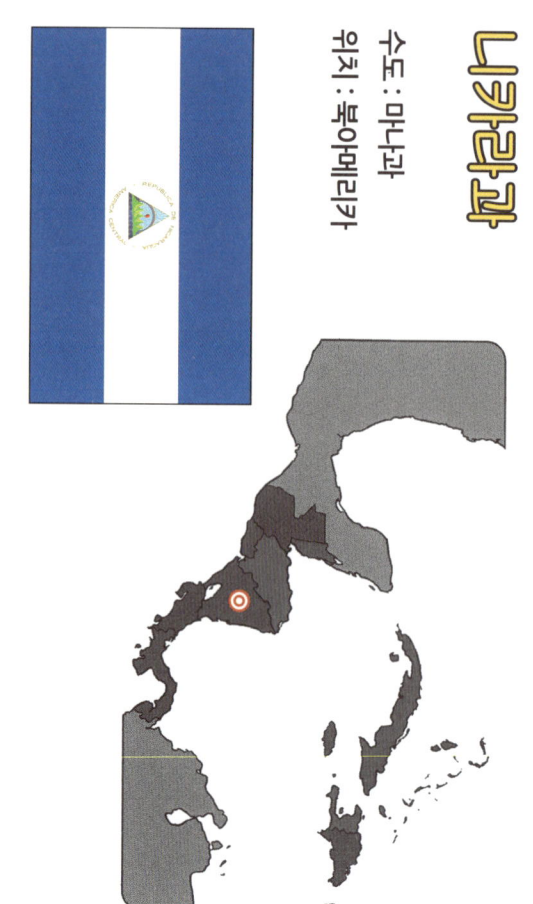

니카라과
수도 : 마나과
위치 : 북아메리카

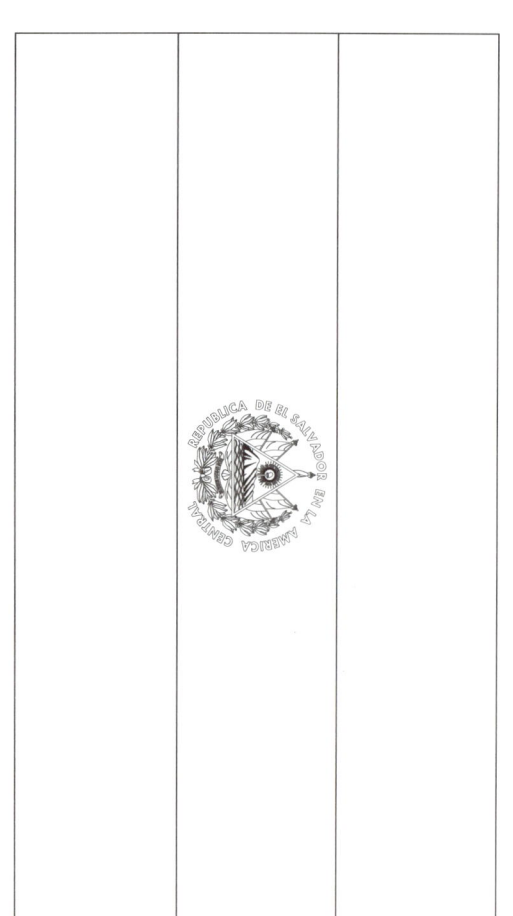

엘살바도르
수도 : 산살바도르
위치 : 북아메리카

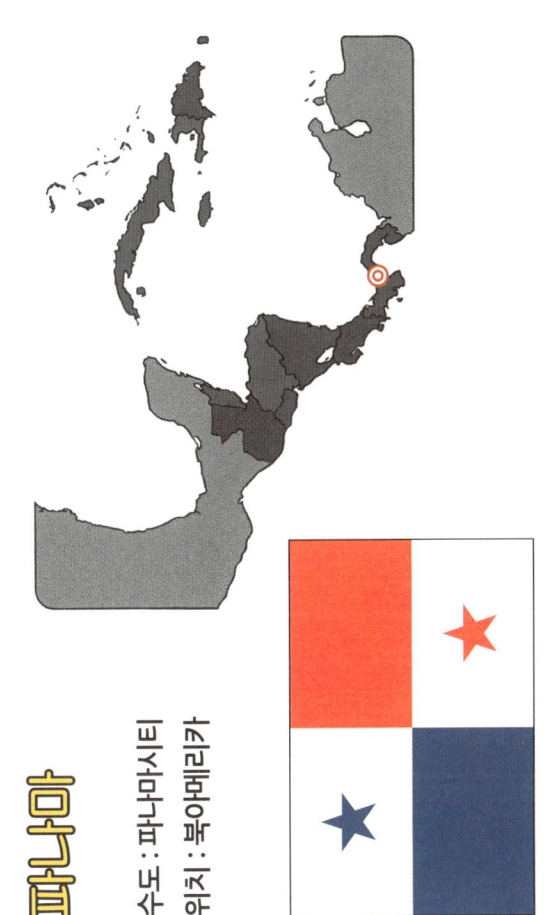

파나마
수도 : 파나마시티
위치 : 북아메리카

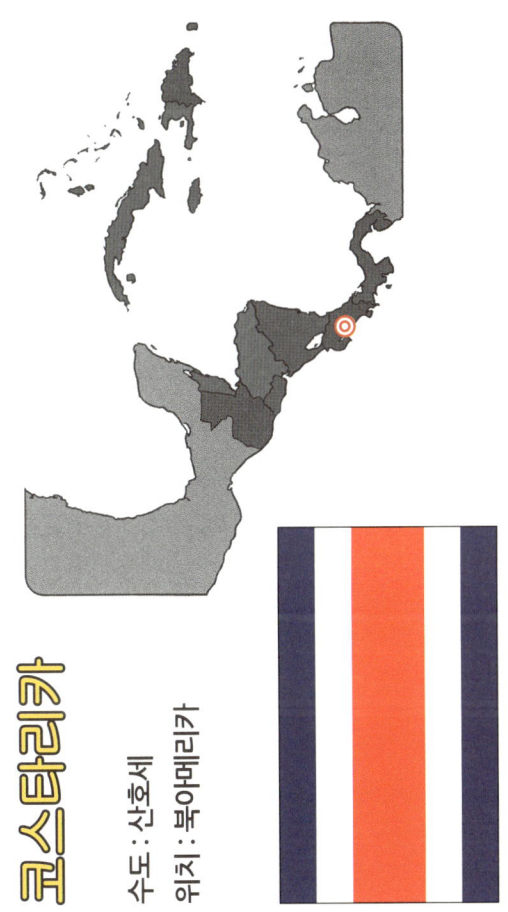

코스타리카
수도 : 산호세
위치 : 북아메리카

콜롬비아

수도 : 산타페데보고타
위치 : 남아메리카

베네수엘라

수도 : 카라카스
위치 : 남아메리카

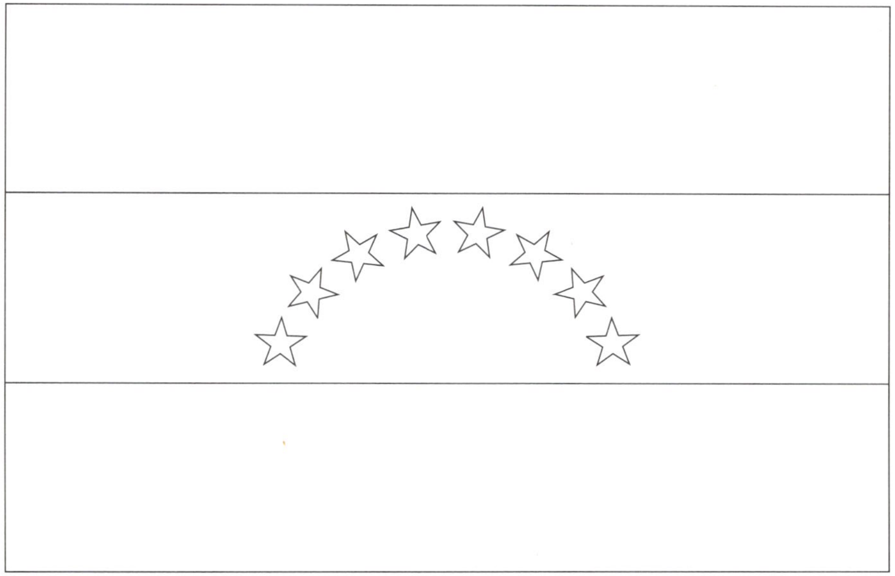

브라질
수도 : 브라질리아
위치 : 남아메리카

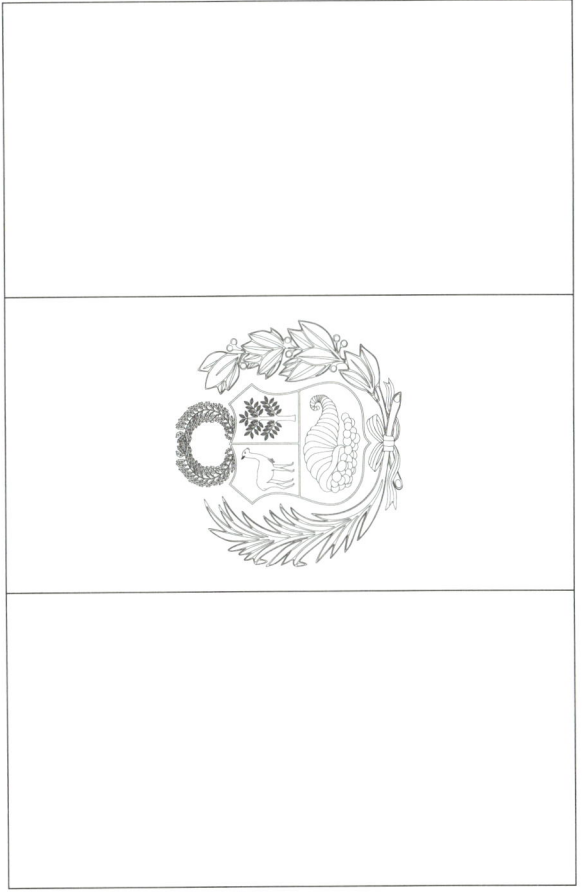

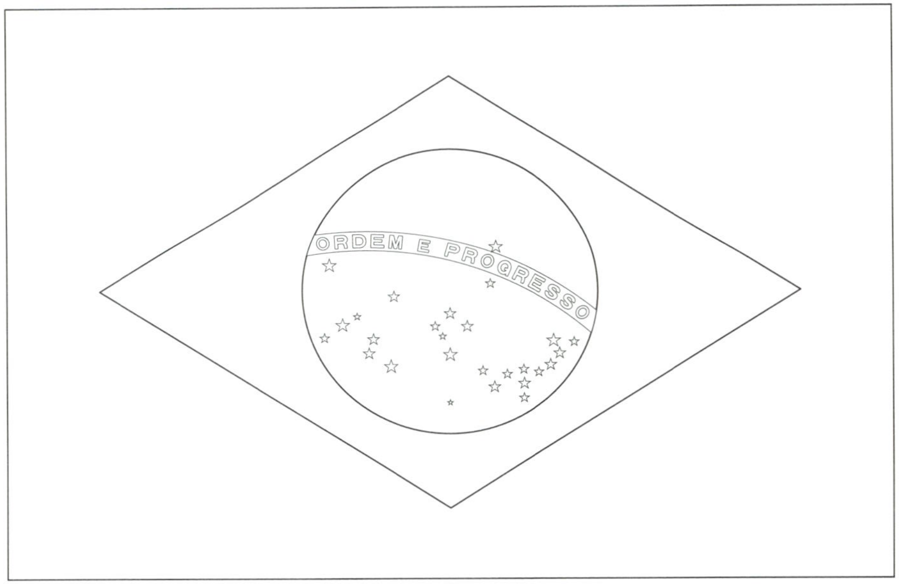

페루
수도 : 리마
위치 : 남아메리카

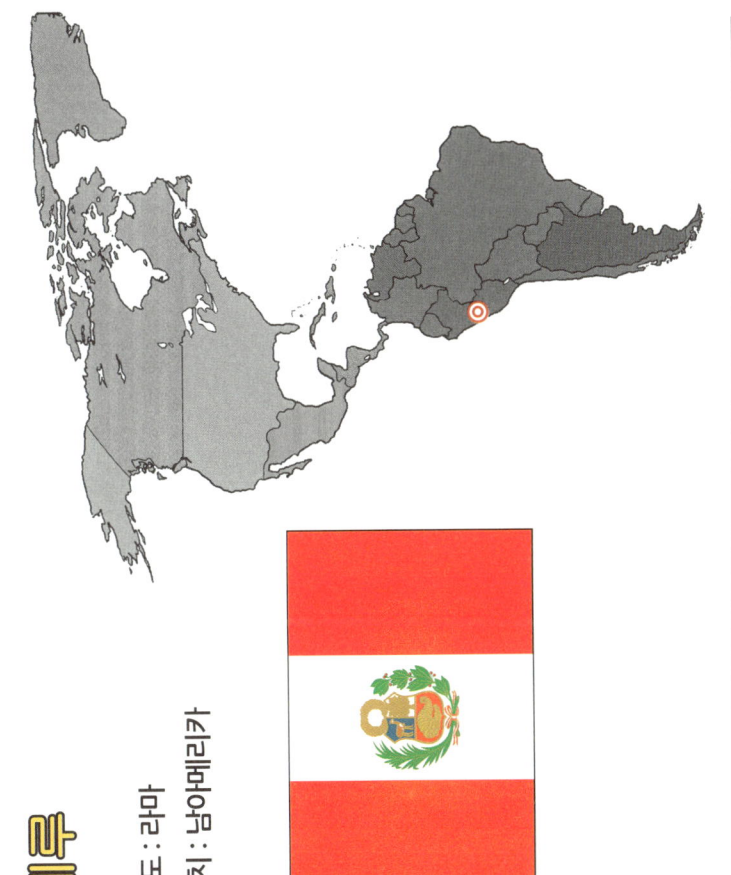

파라과이

수도: 아순시온
위치: 남아메리카

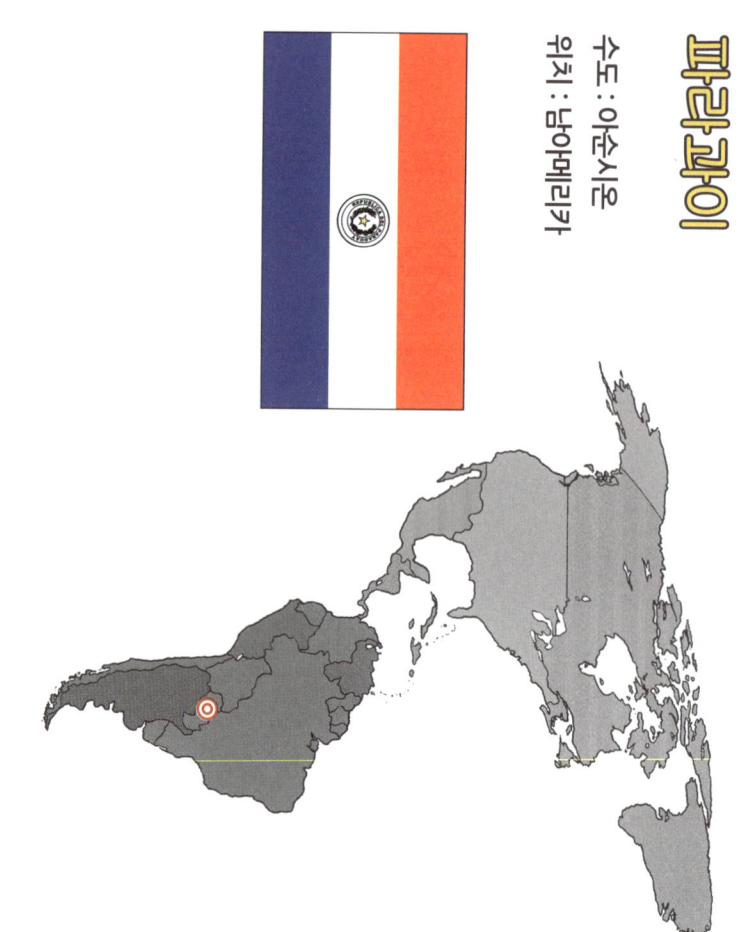

볼리비아

수도: 라파스
위치: 남아메리카

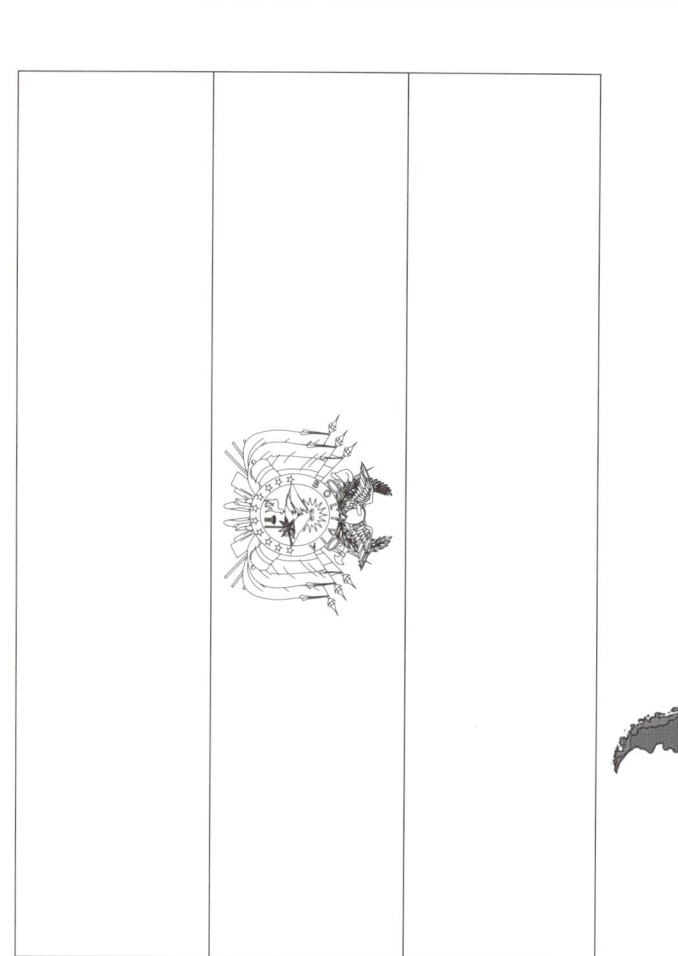

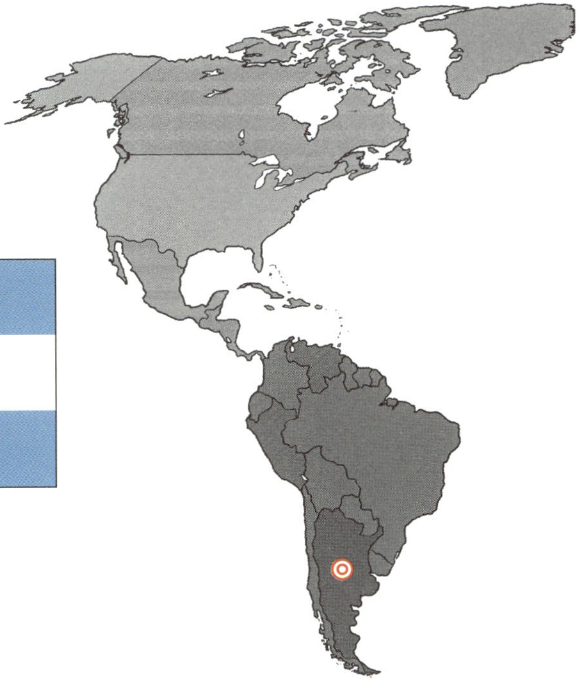

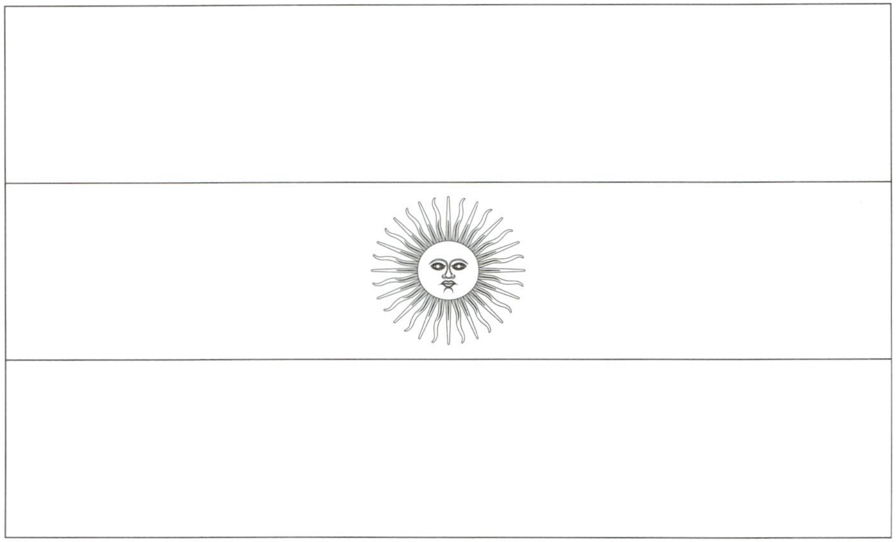

우루과이
수도 : 몬테비데오
위치 : 남아메리카

아르헨티나
수도 : 부에노스아이레스
위치 : 남아메리카

도미니카연방

수도 : 로조
위치 : 남아메리카

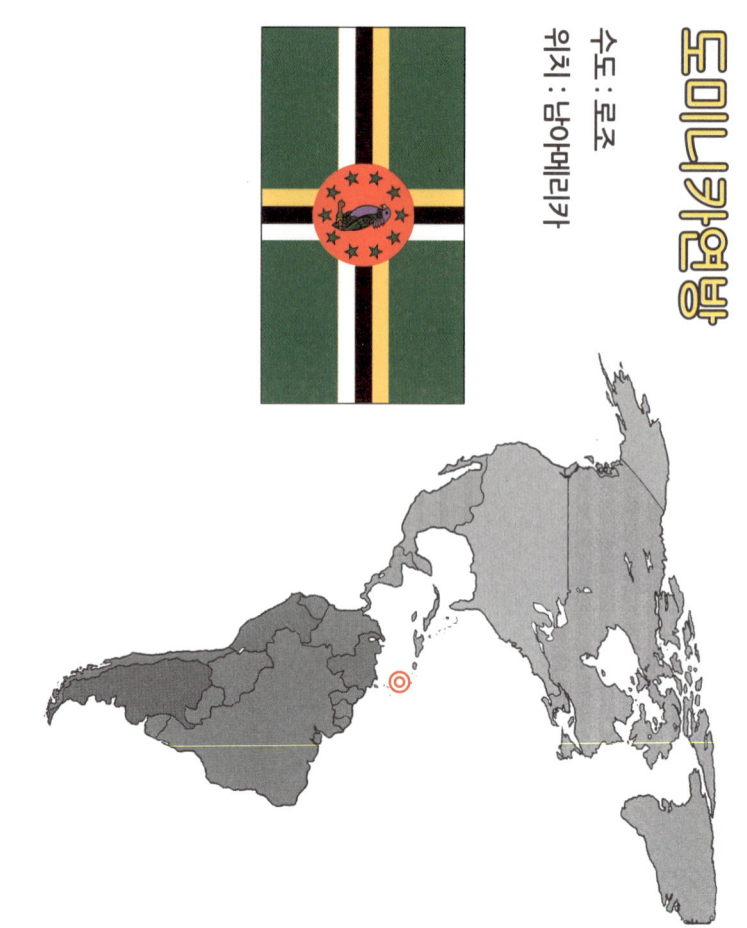

칠레

수도 : 산티아고
위치 : 남아메리카

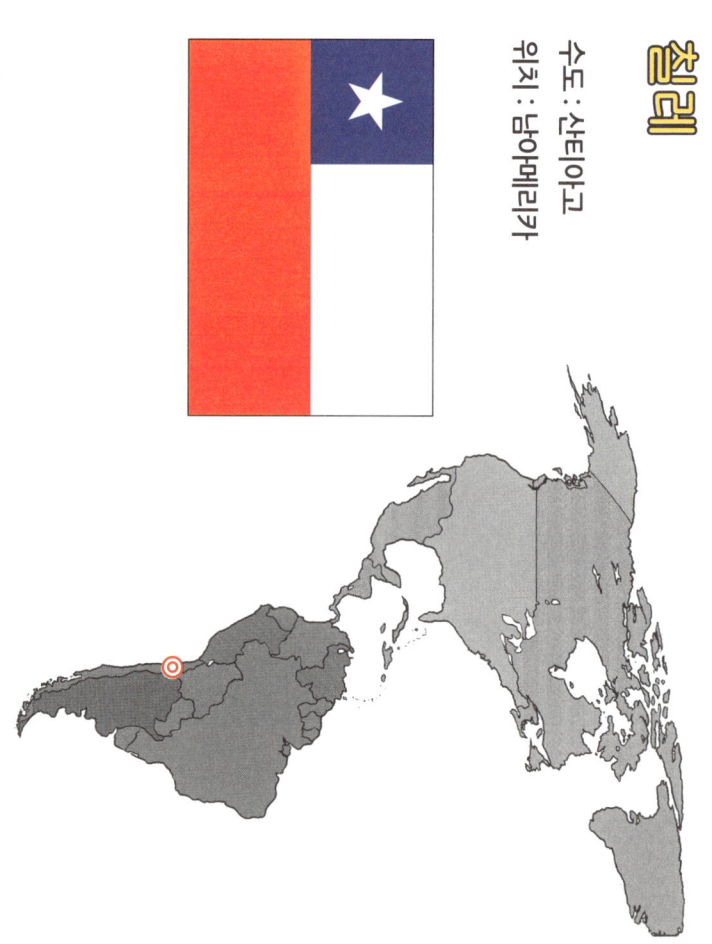

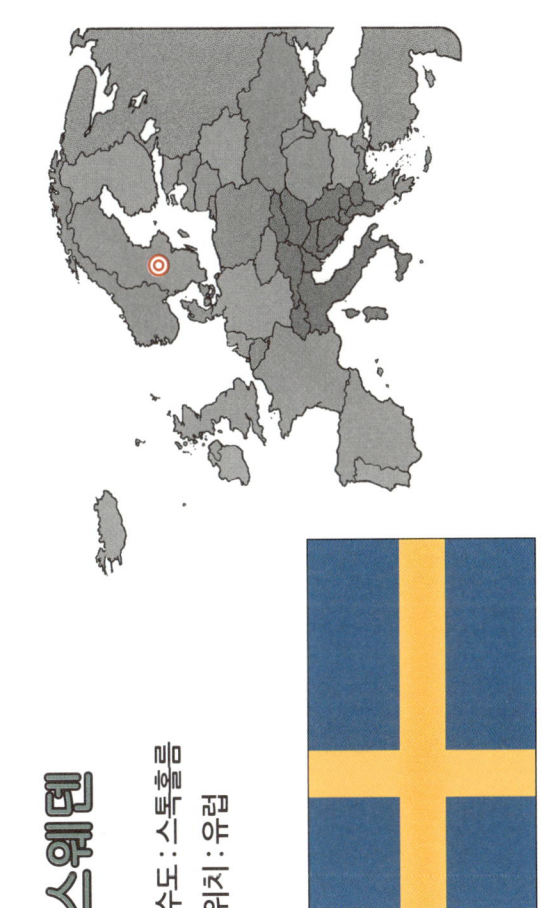

스웨덴
수도 : 스톡홀름
위치 : 유럽

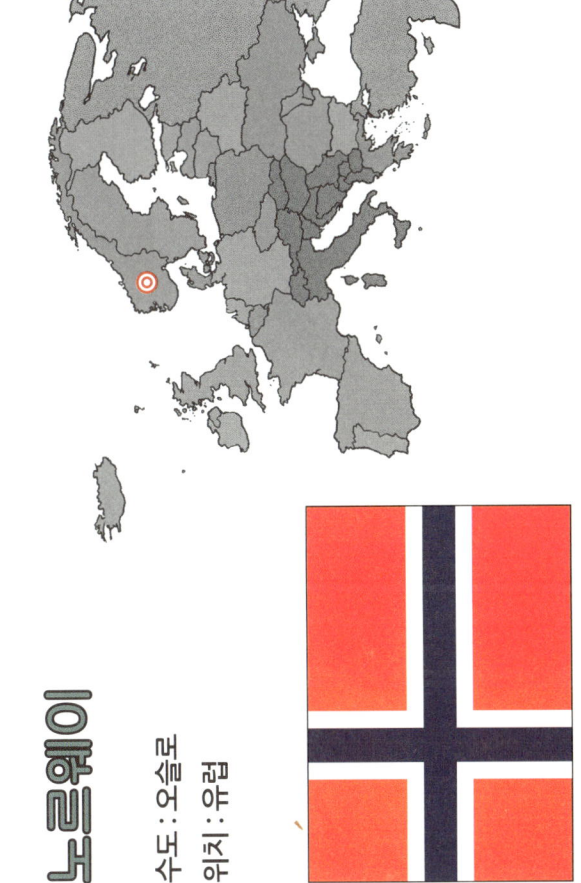

노르웨이
수도 : 오슬로
위치 : 유럽

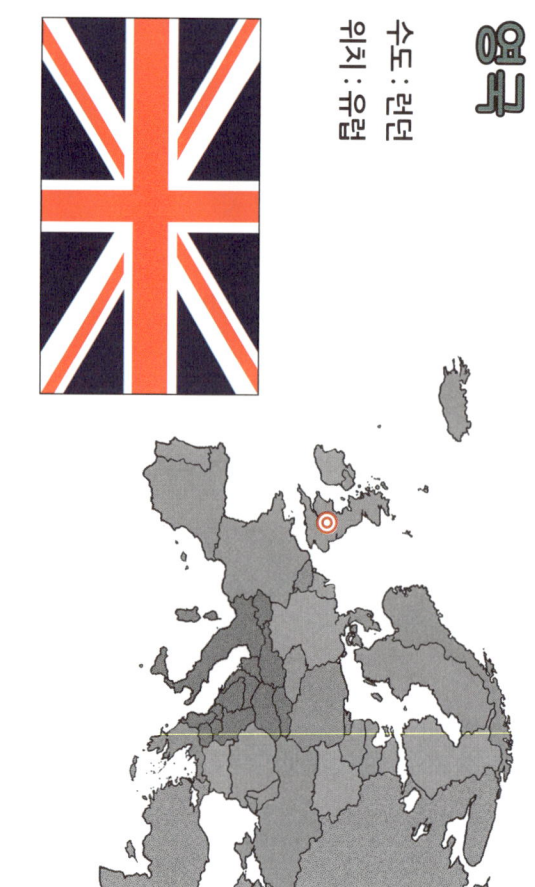

영국
- 수도 : 런던
- 위치 : 유럽

핀란드
- 수도 : 헬싱키
- 위치 : 유럽

덴마크

수도 : 코펜하겐
위치 : 유럽

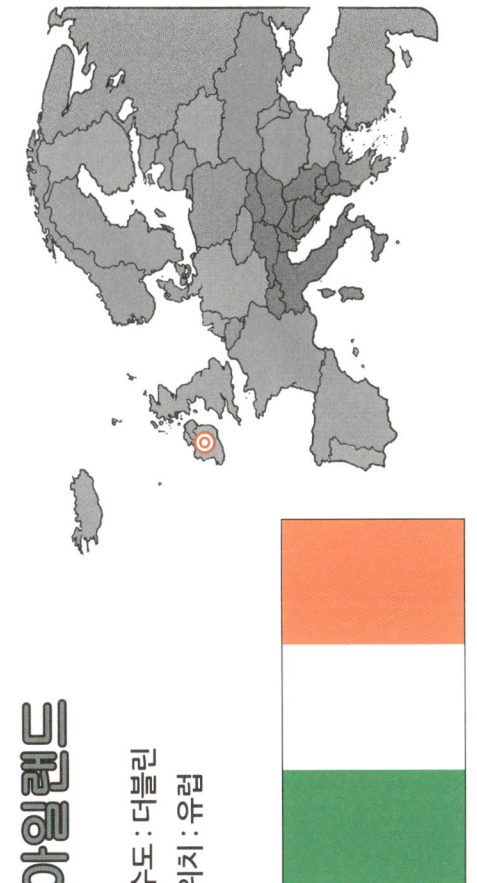

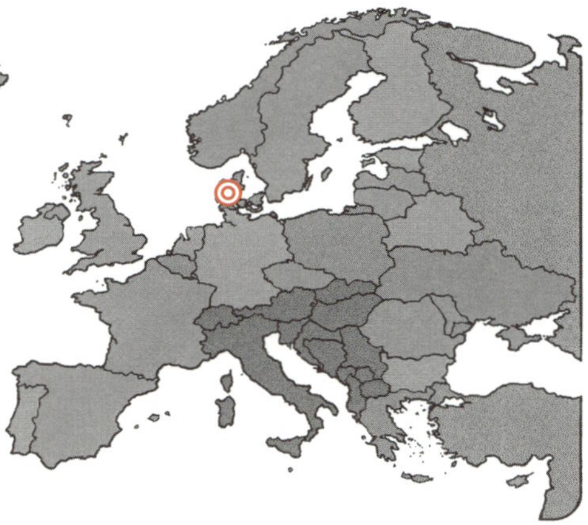

아일랜드

수도 : 더블린
위치 : 유럽

폴란드
수도 : 바르샤바
위치 : 유럽

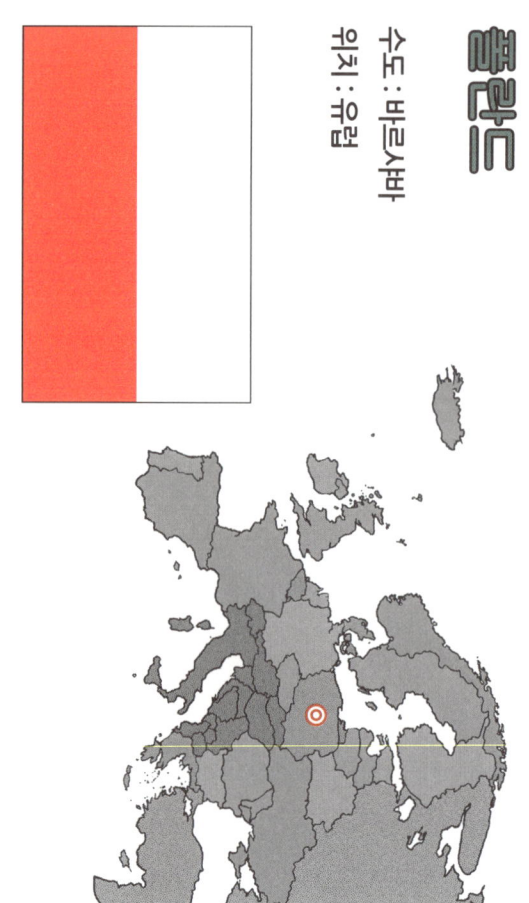

독일
수도 : 베를린
위치 : 유럽

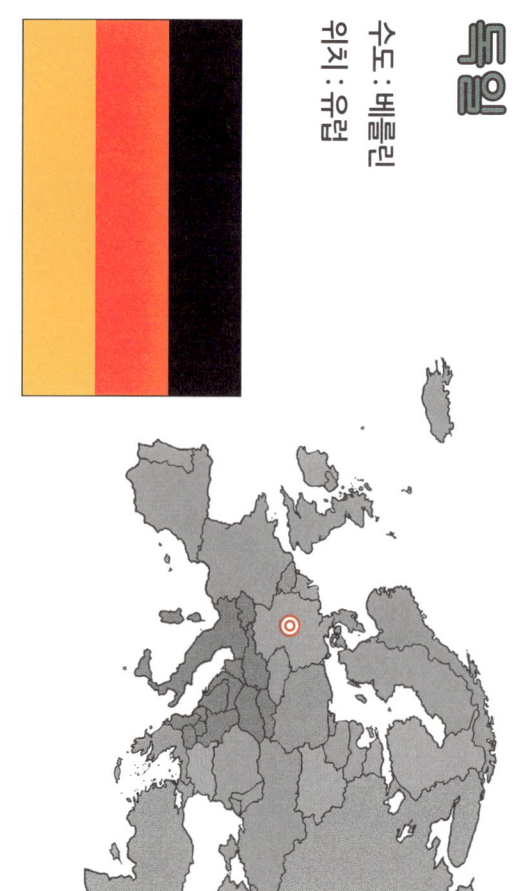

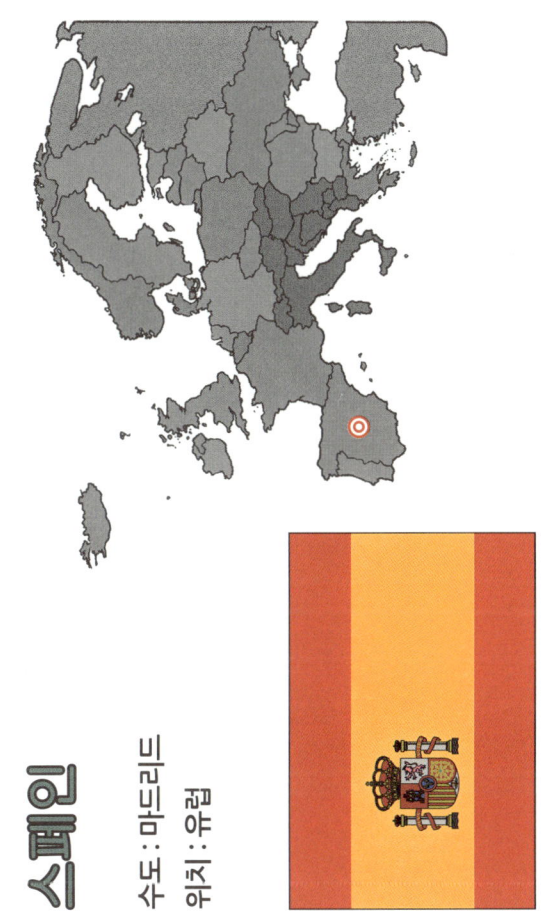

스페인
수도 : 마드리드
위치 : 유럽

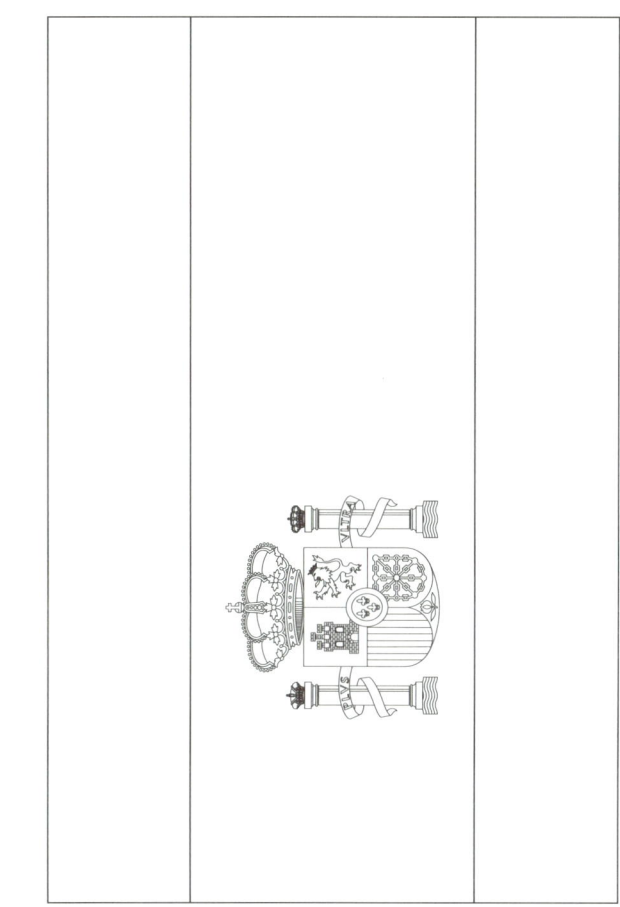

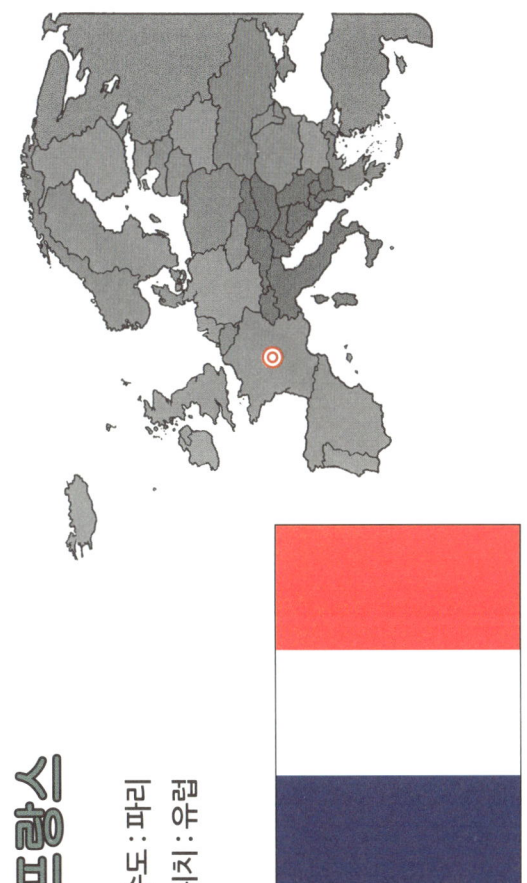

프랑스
수도 : 파리
위치 : 유럽

우크라이나

수도 : 키예프
위치 : 유럽

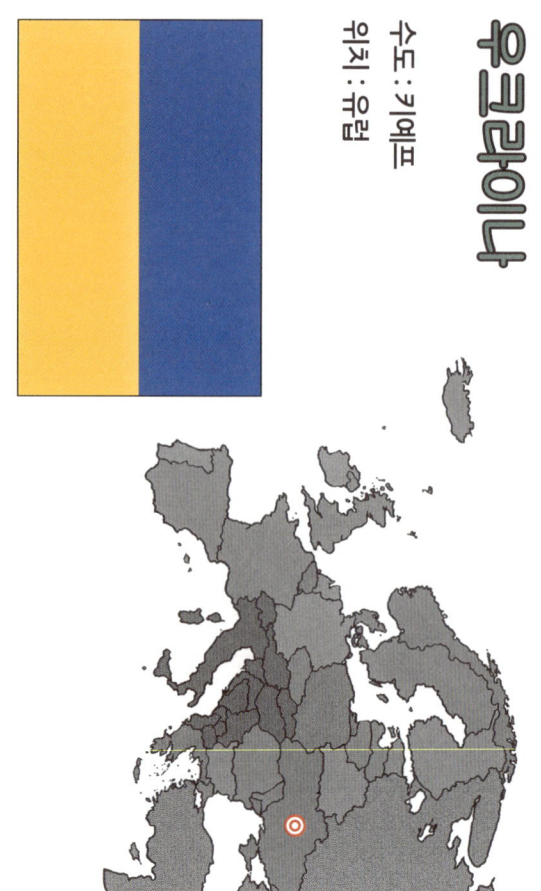

루마니아

수도 : 부쿠레슈티
위치 : 유럽

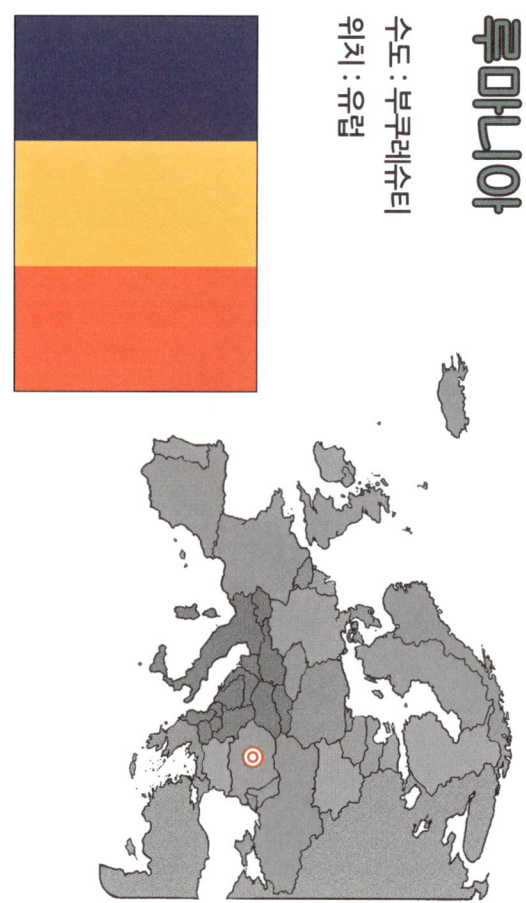

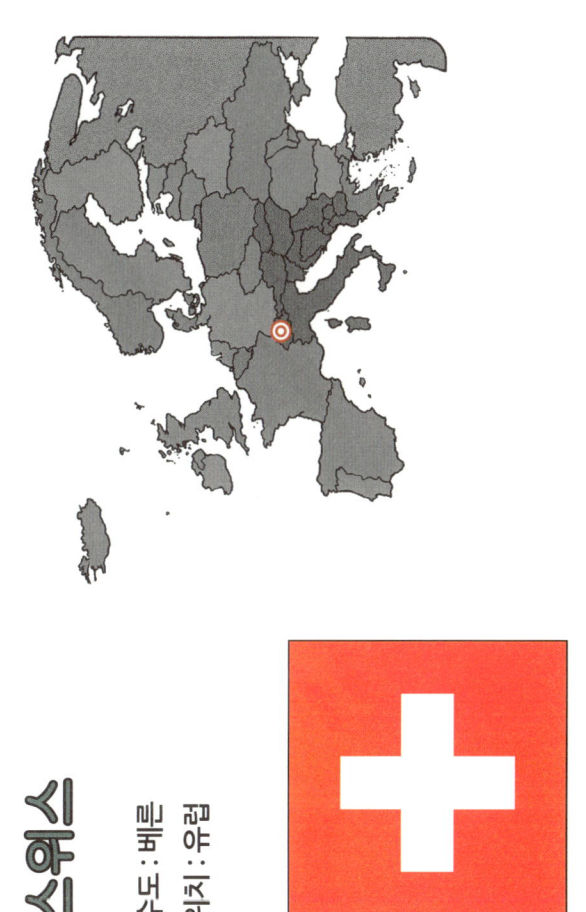

스위스
수도 : 베른
위치 : 유럽

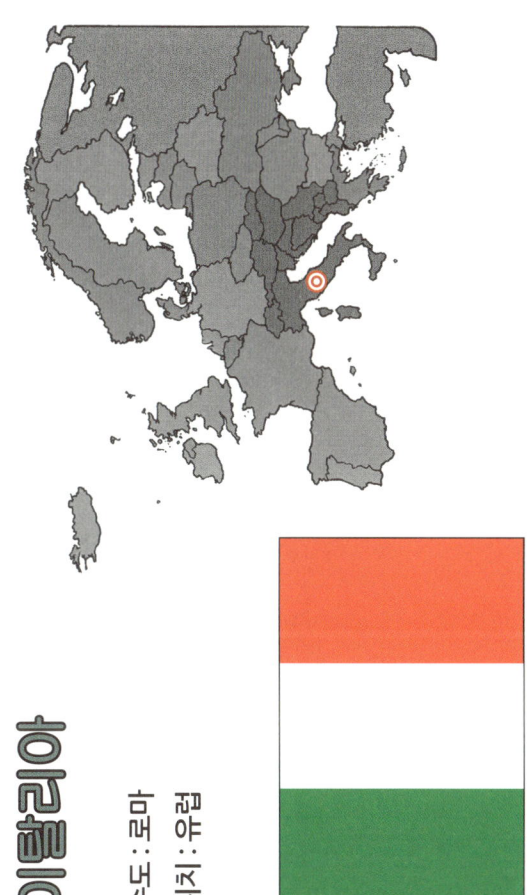

이탈리아
수도 : 로마
위치 : 유럽

헝가리
수도 : 부다페스트
위치 : 유럽

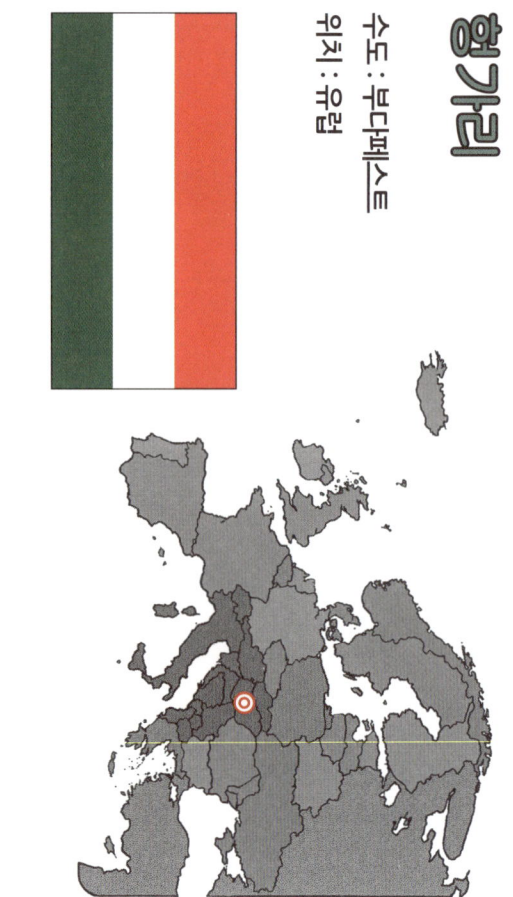

오스트리아
수도 : 빈
위치 : 유럽

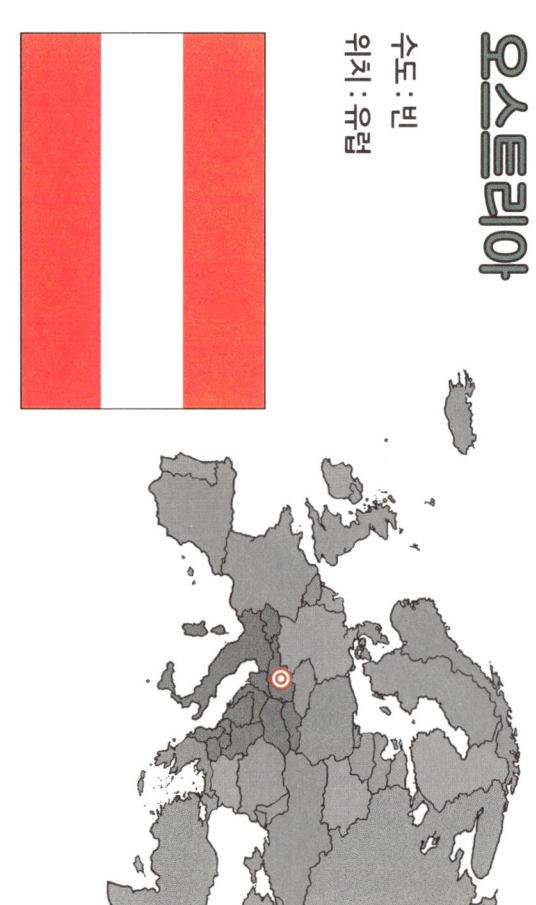

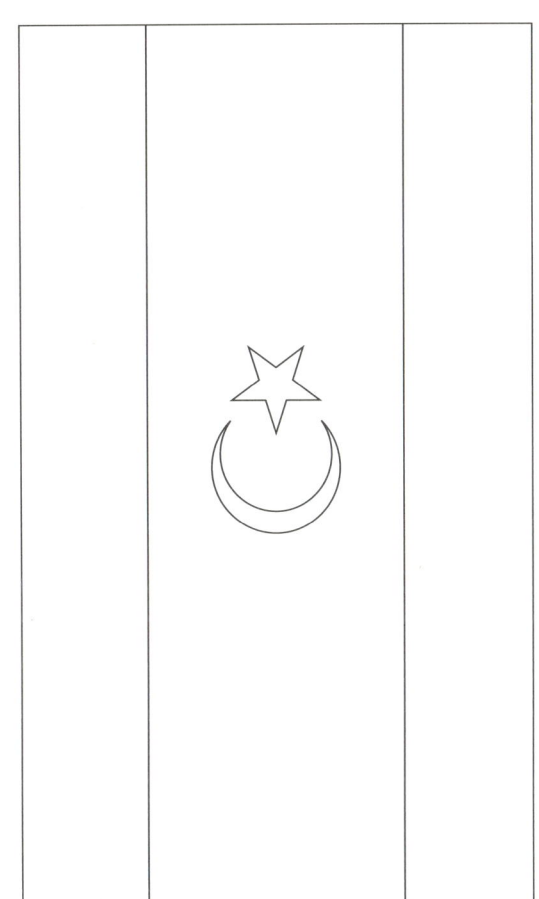

리비아
수도 : 트리폴리
위치 : 아프리카

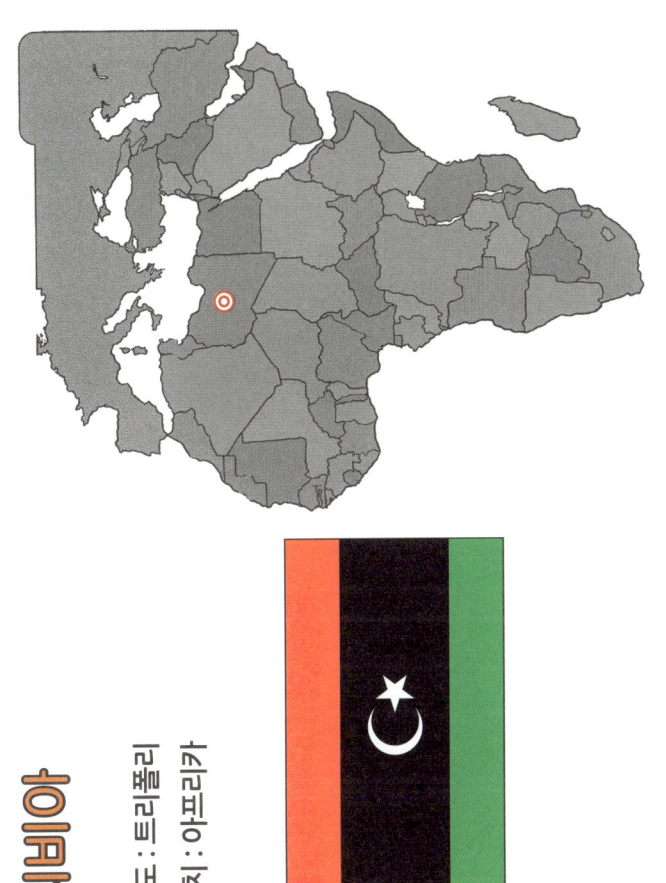

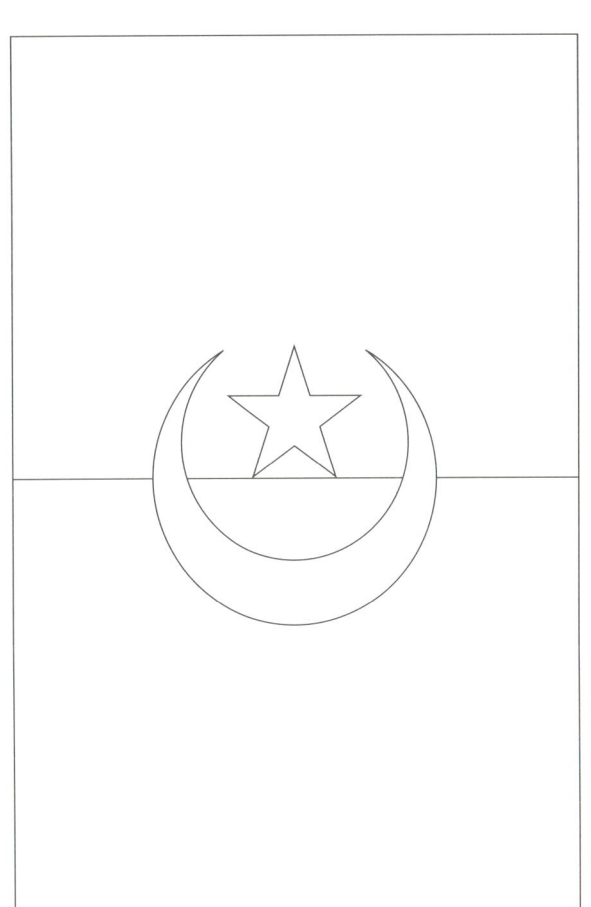

알제리
수도 : 알제
위치 : 아프리카

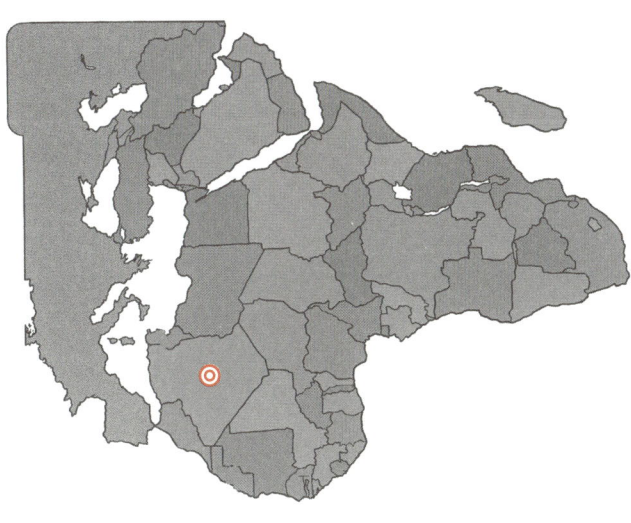

나이지리아

수도 : 아부자
위치 : 아프리카

이집트

수도 : 카이로
위치 : 아프리카

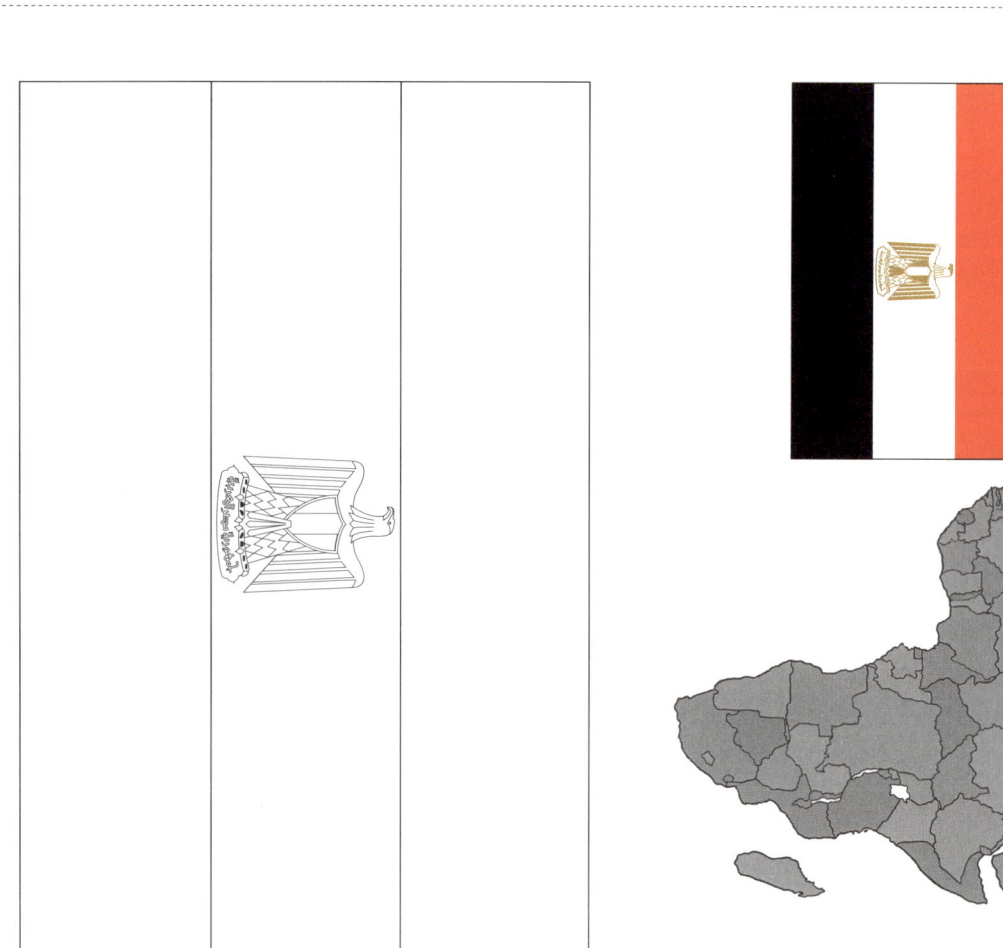

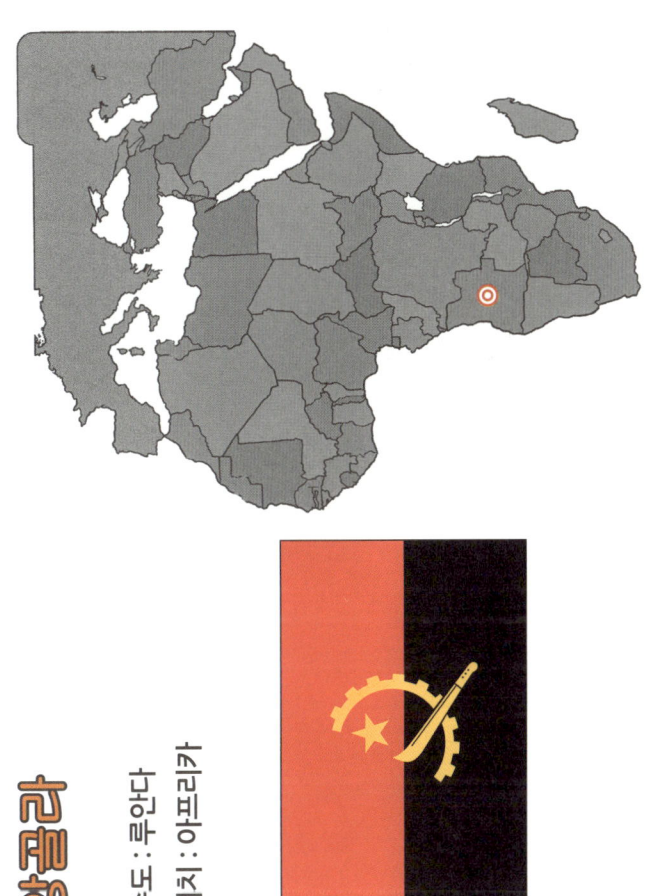

앙골라
수도 : 루안다
위치 : 아프리카

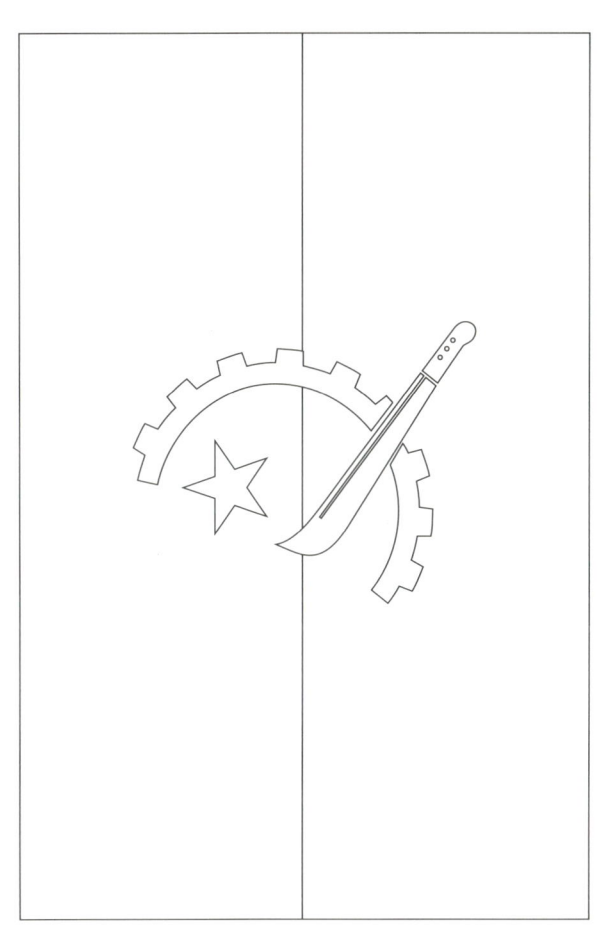

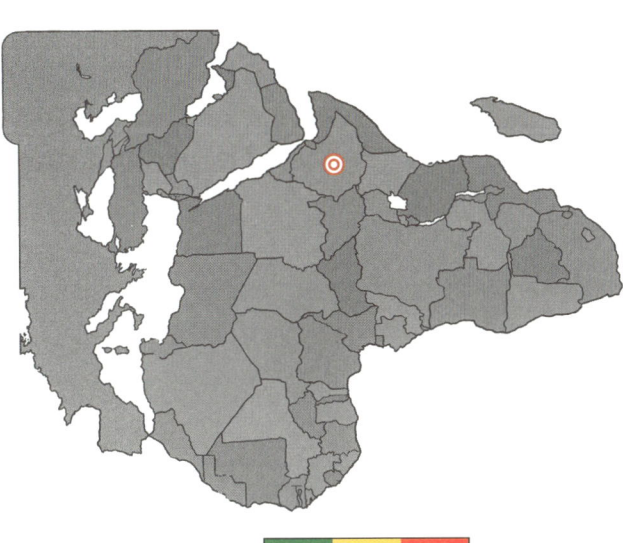

에티오피아
수도 : 아디스아바바
위치 : 아프리카

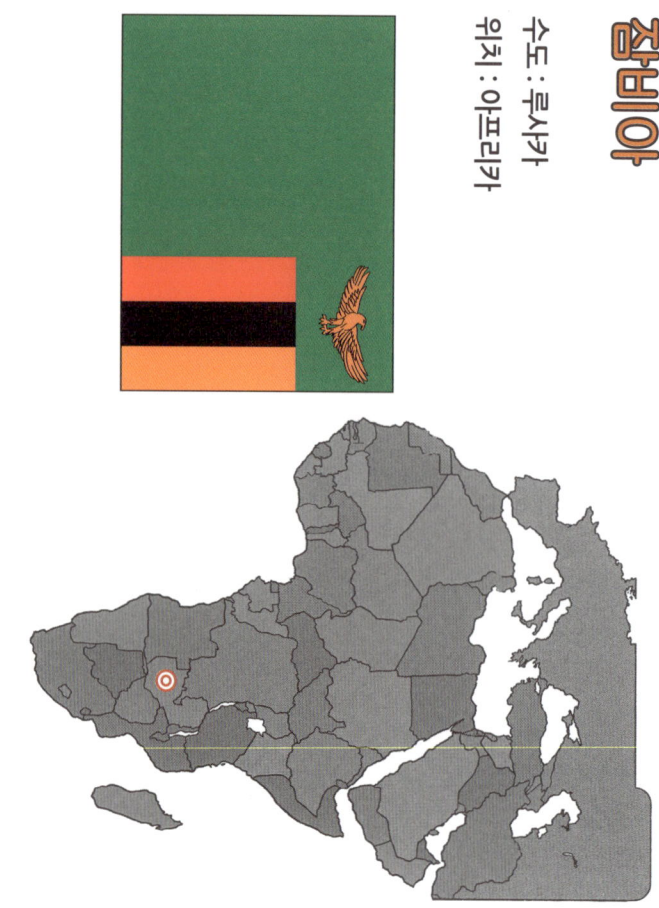

잠비아
수도 : 루사카
위치 : 아프리카

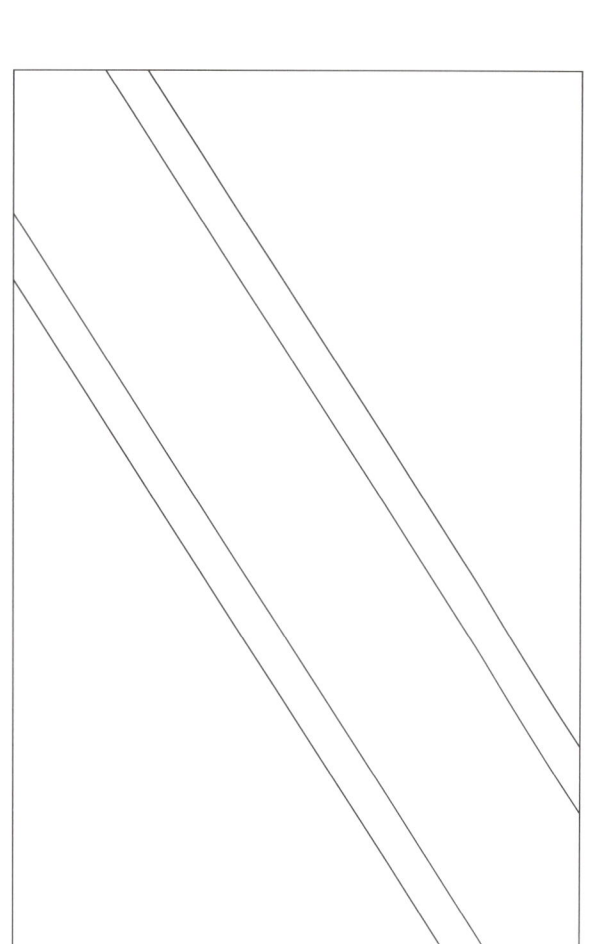

탄자니아
수도 : 도도마
위치 : 아프리카

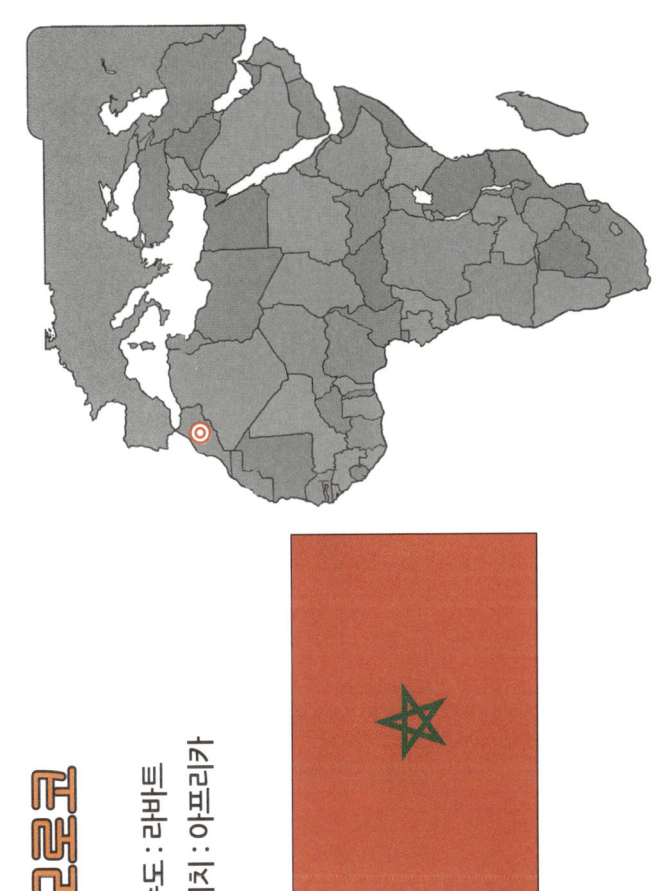

모로코
수도 : 라바트
위치 : 아프리카

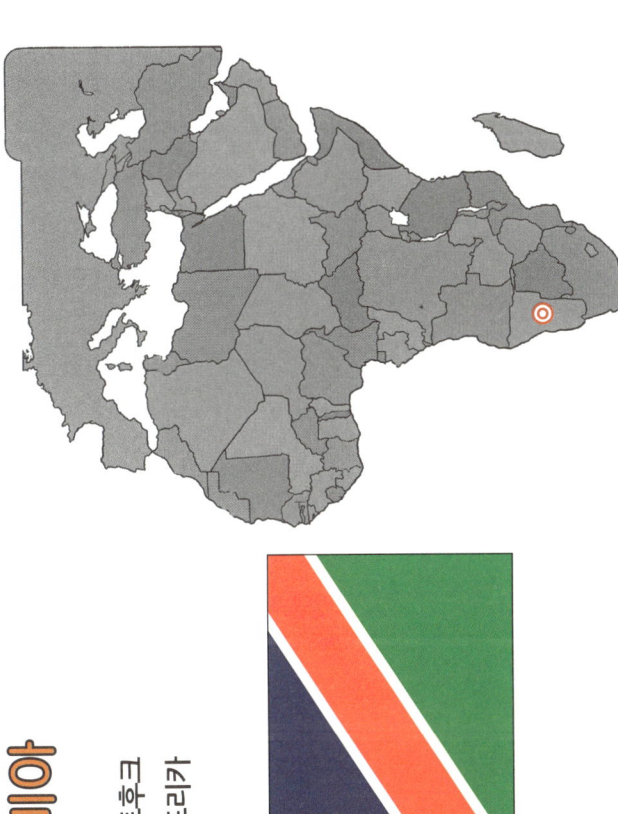

나미비아
수도 : 빈트후크
위치 : 아프리카

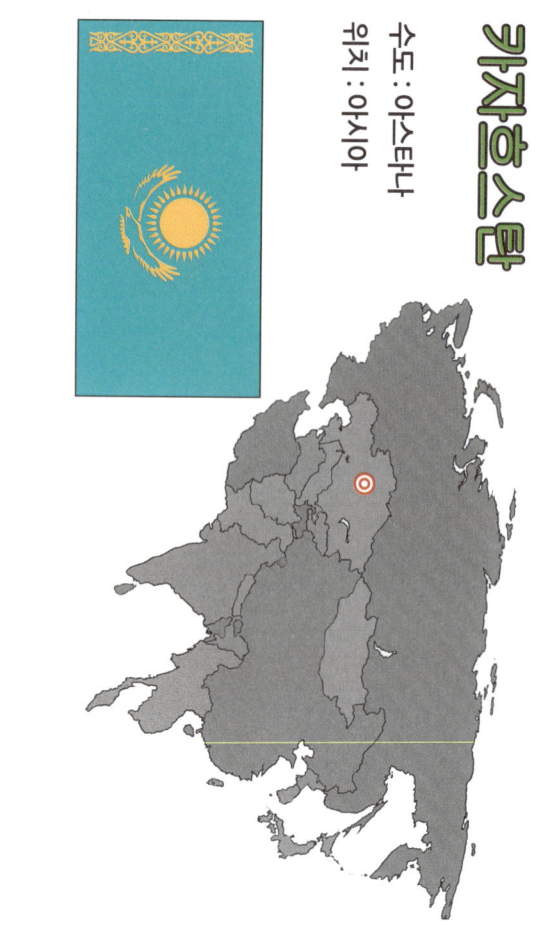

카자흐스탄
수도 : 아스타나
위치 : 아시아

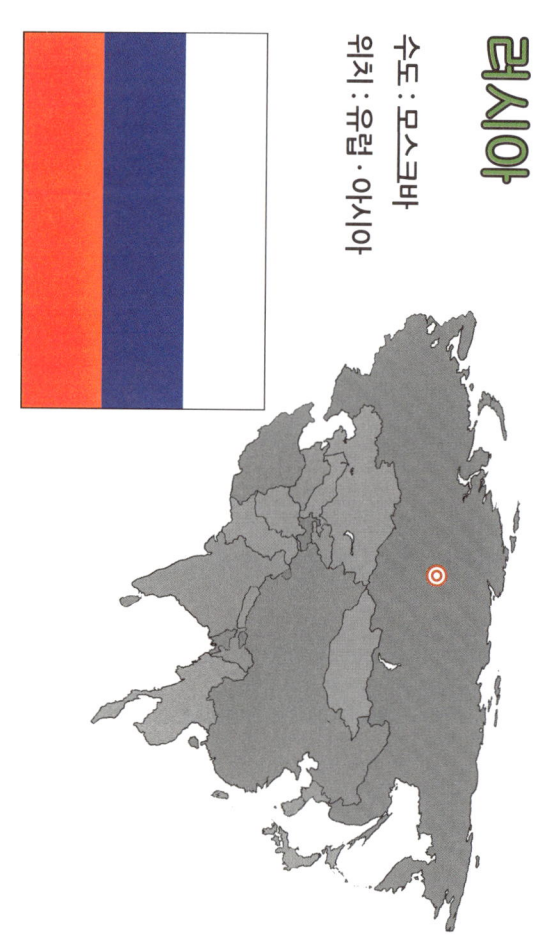

러시아
수도 : 모스크바
위치 : 유럽 · 아시아

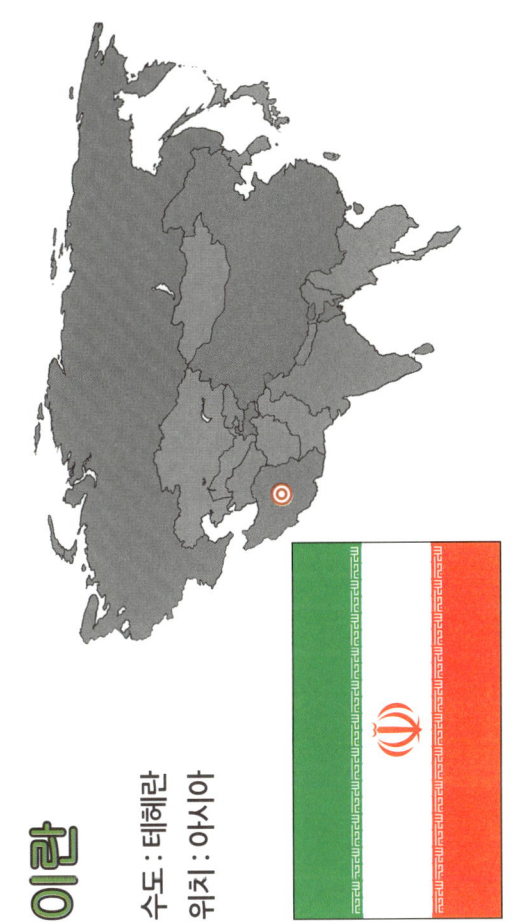

이란
수도 : 테헤란
위치 : 아시아

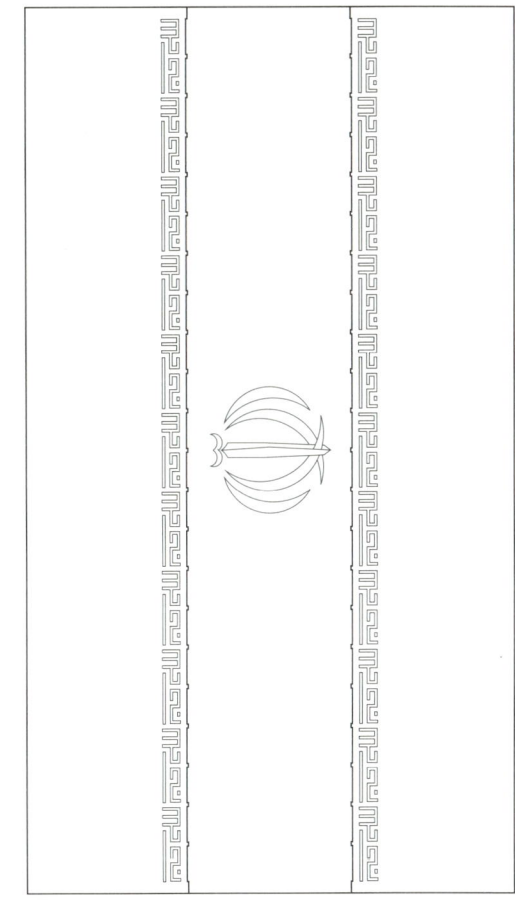

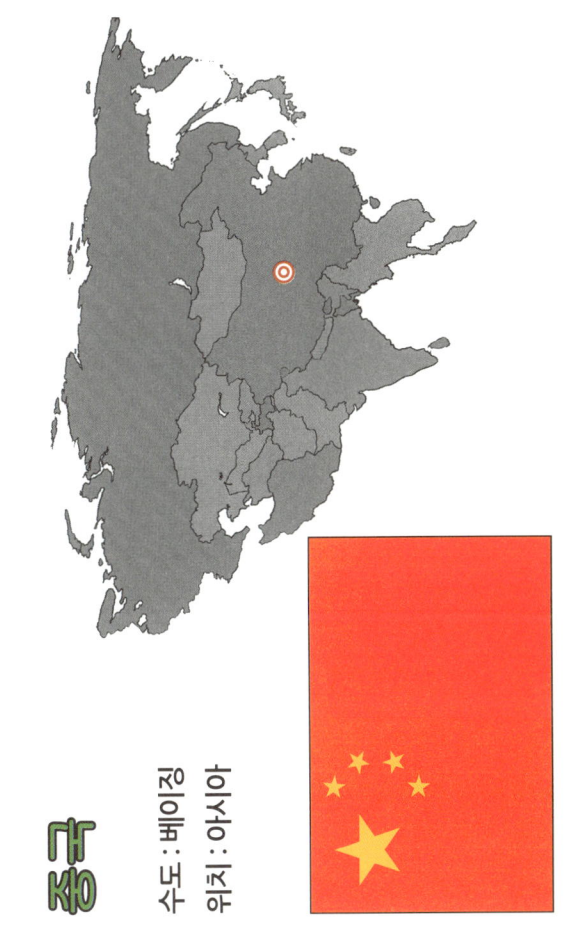

중국
수도 : 베이징
위치 : 아시아

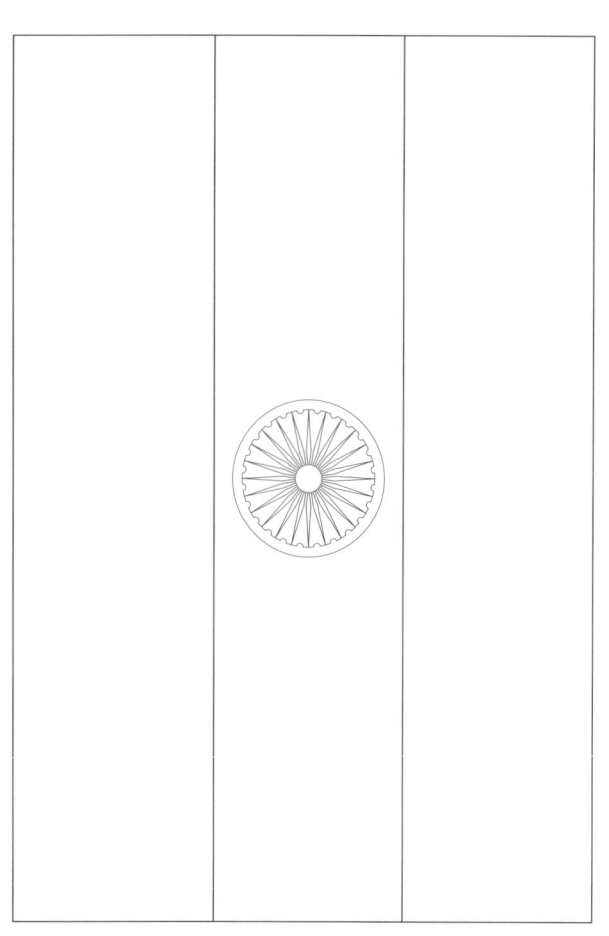
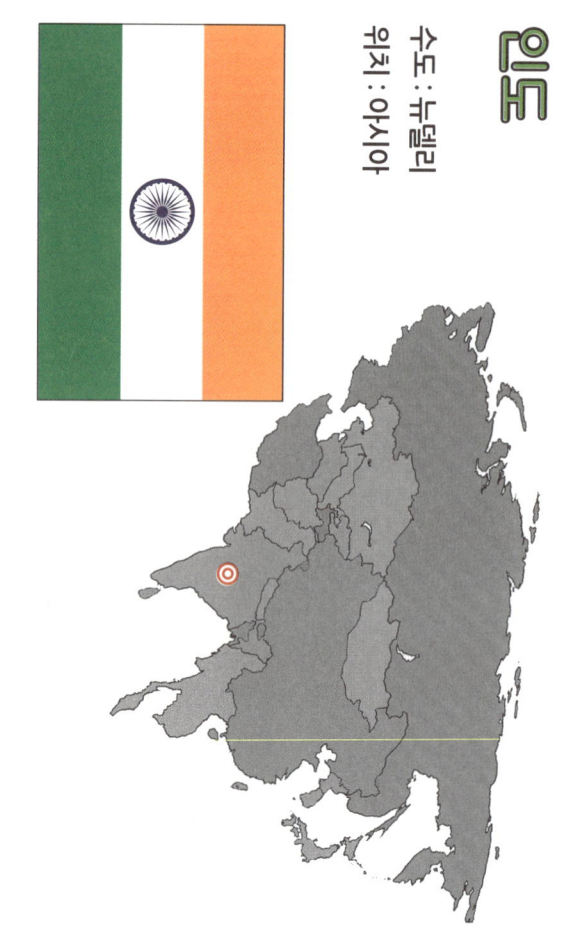

인도
- 수도 : 뉴델리
- 위치 : 아시아

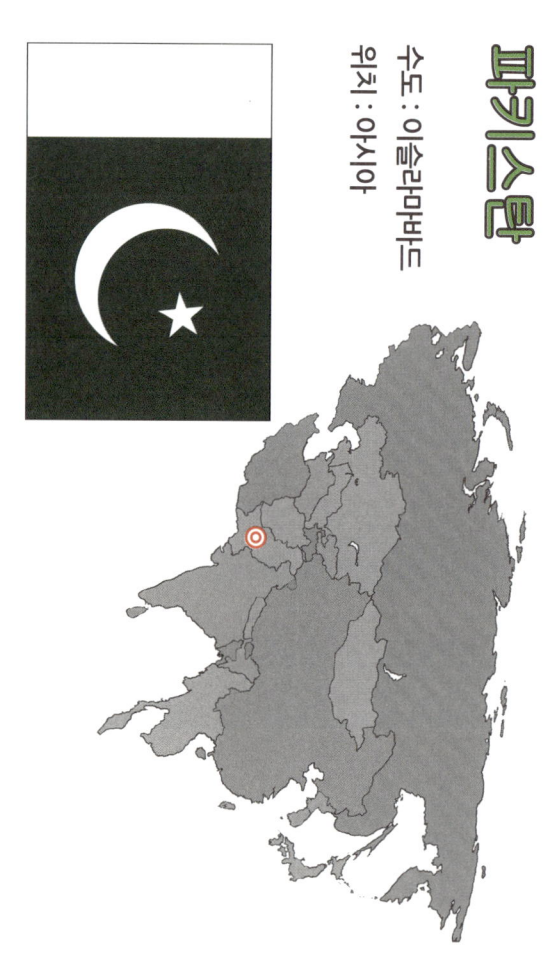

파키스탄
- 수도 : 이슬라마바드
- 위치 : 아시아

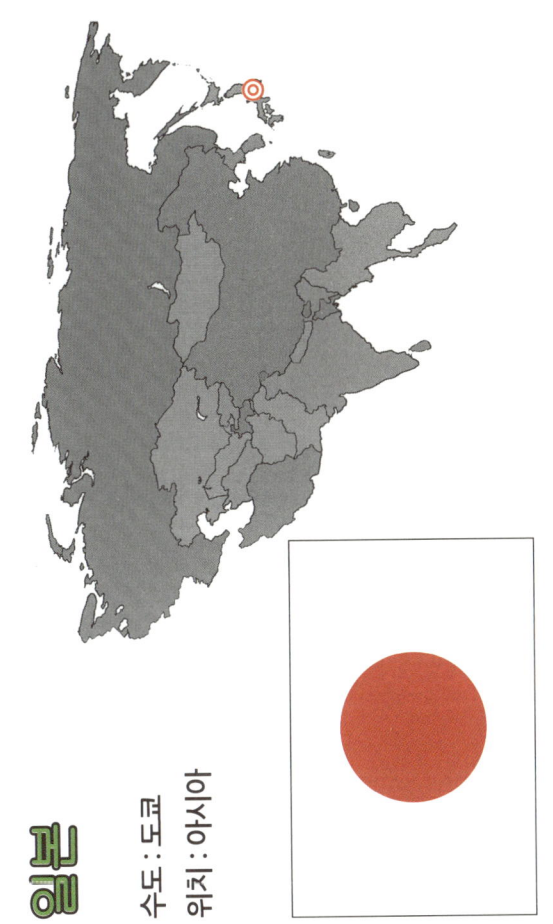

일본

수도 : 도쿄
위치 : 아시아

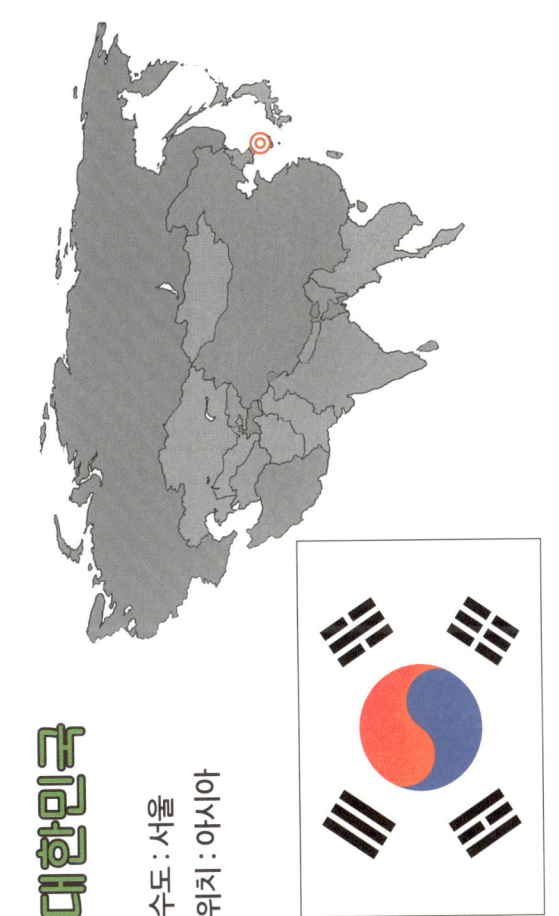

대한민국

수도 : 서울
위치 : 아시아

베트남
수도 : 하노이
위치 : 아시아

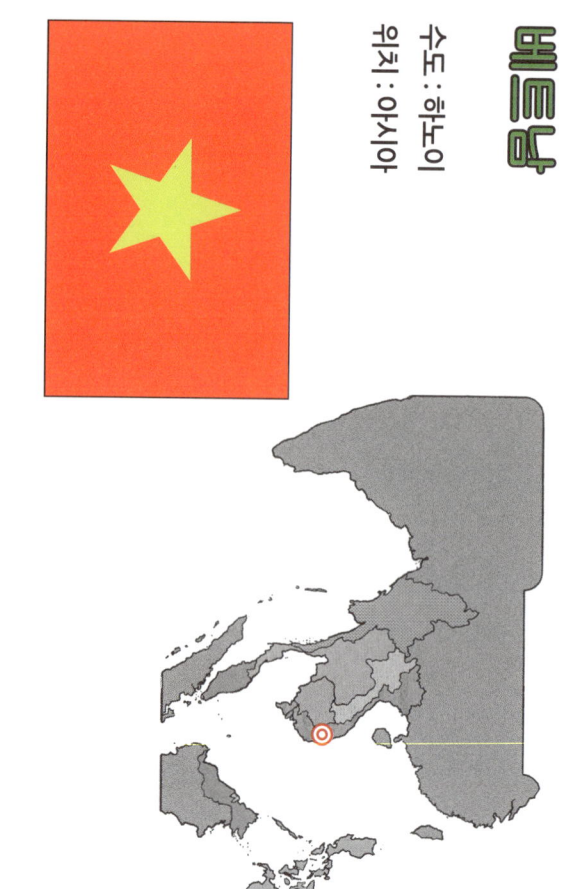

태국
수도 : 방콕
위치 : 아시아

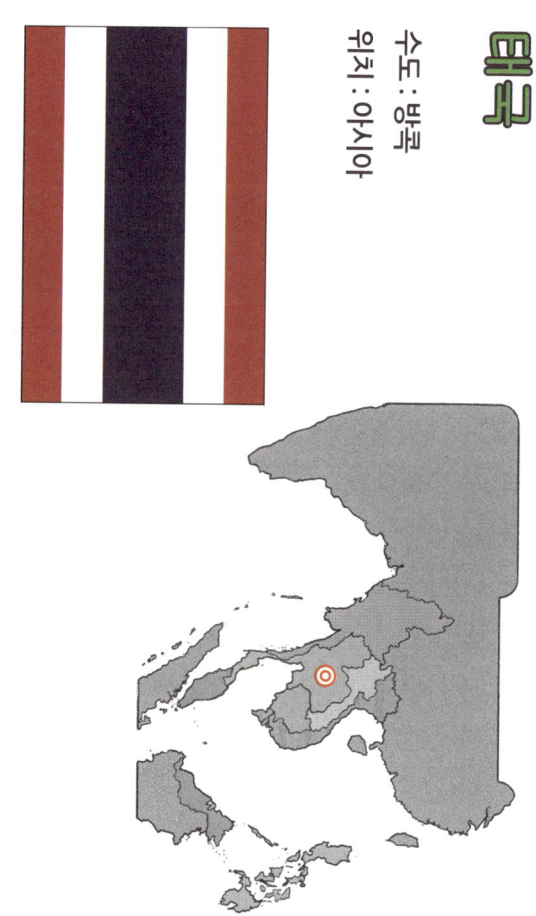

사우디아라비아

수도 : 리야드
위치 : 아시아

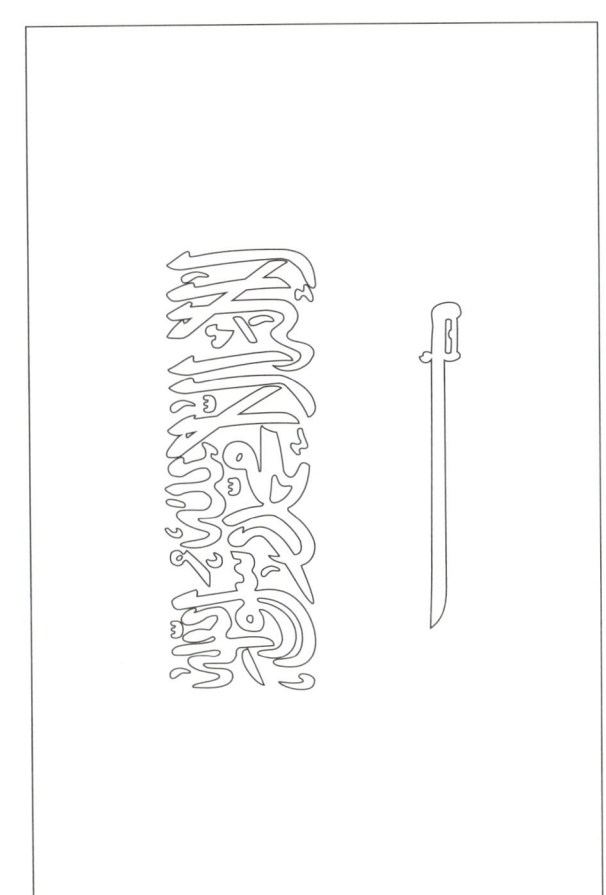

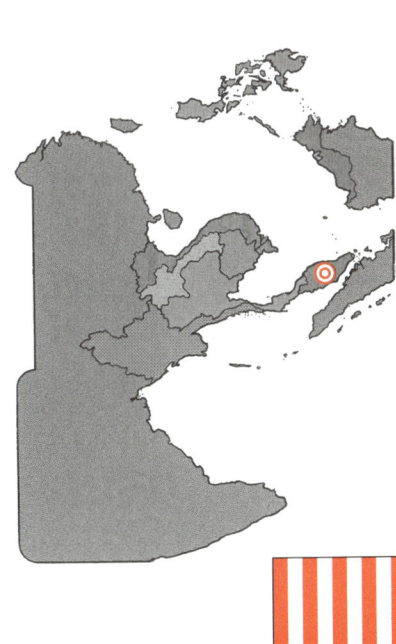

말레이시아

수도 : 쿠알라룸푸르
위치 : 아시아

이라크

수도 : 바그다드
위치 : 아시아

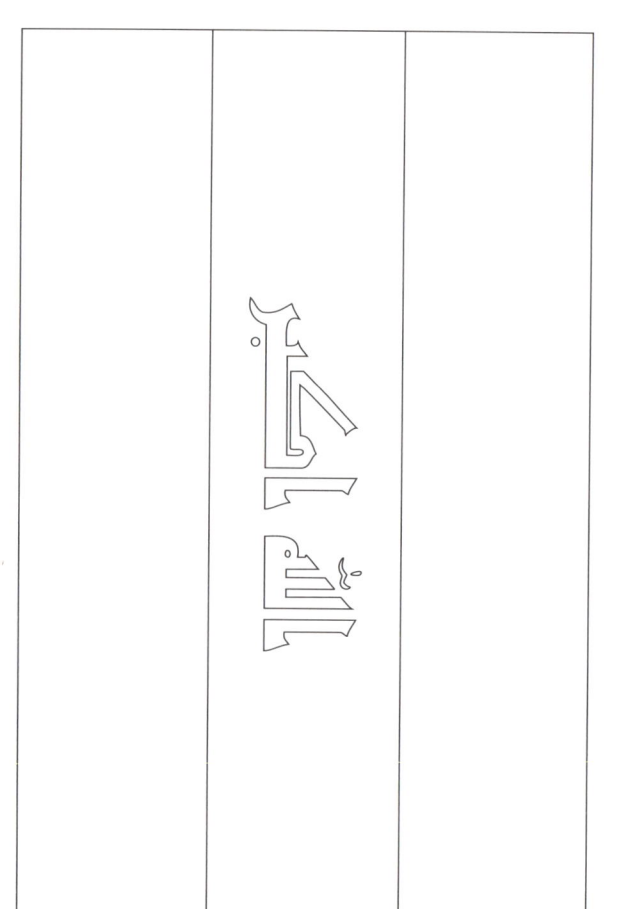

터키

수도 : 앙카라
위치 : 유럽

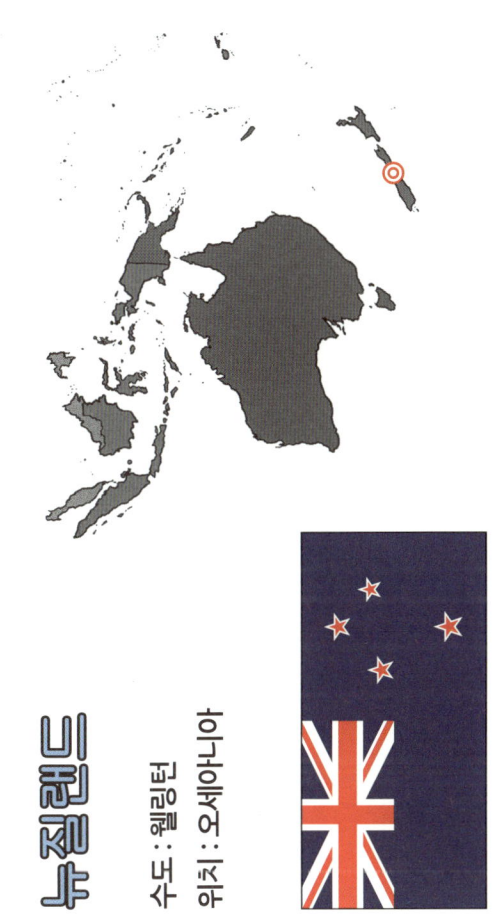

뉴질랜드

수도 : 웰링턴
위치 : 오세아니아

오스트레일리아

수도 : 캔버라
위치 : 오세아니아

피지
수도 : 수바
위치 : 오세아니아

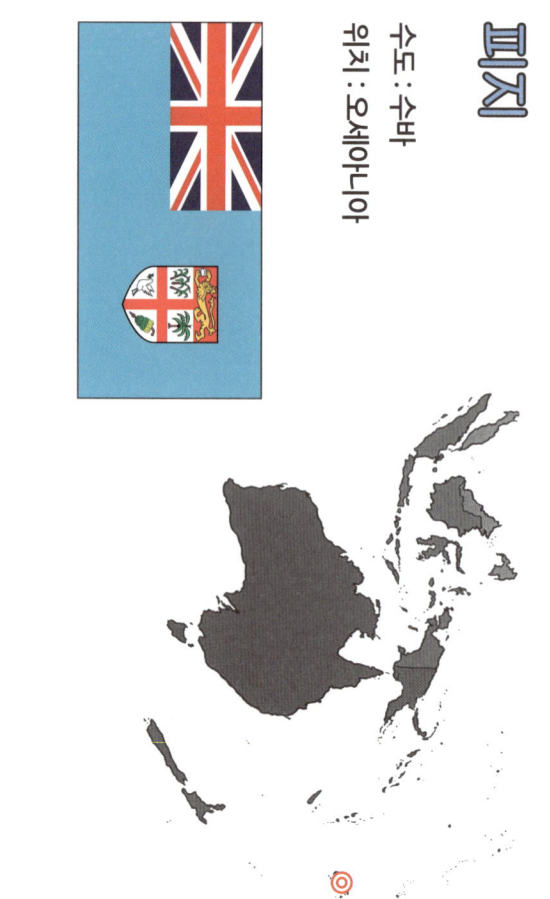

파푸아뉴기니
수도 : 포트모르즈비
위치 : 오세아니아